Till Breyer, Rasmus Overthun,
Philippe Roepstorff-Robiano und Alexandra Vasa (Hg.)
Monster und Kapitalismus

ZfK – Zeitschrift für Kulturwissenschaften

Hg. von Karin Harrasser und Elisabeth Timm

Begründet und herausgegeben (2007 bis 2012) von Thomas Hauschild und Lutz Musner

Till Breyer, Rasmus Overthun, Philippe Roepstorff-Robiano
und Alexandra Vasa (Hg.)

Monster und Kapitalismus

ZfK – Zeitschrift für Kulturwissenschaften 2|2017

Die Zeitschrift für Kulturwissenschaften erscheint zweimal jährlich. Wir senden Ihnen Ihr Exemplar gerne portofrei zu (innerhalb Deutschlands).

Sie können die Zeitschrift für Kulturwissenschaften als Jahresabonnement direkt über den Verlag abonnieren.

Das Abonnement beginnt mit dem aktuellen Heft und verlängert sich automatisch um jeweils ein Jahr, wenn es nicht bis zum 1. Februar eines Jahres beim Verlag gekündigt wird.
Die Zusendung der abonnierten Exemplare erfolgt unmittelbar nach Erscheinen.

Weitere Informationen finden Sie unter: www.transcript-verlag.de/zeitschriften-abonnements
Selbstverständlich ist die Zeitschrift für Kulturwissenschaften auch über jede Buchhandlung erhältlich.

Hergestellt mit finanzieller Unterstützung des Instituts für Erziehungswissenschaft der Universität Hildesheim und des PhD-Nets „Das Wissen der Literatur" (Humboldt-Universität zu Berlin).
Die ZfK wird außerdem mitgetragen von der Abteilung Kulturwissenschaft der Kunstuniversität Linz und dem Seminar für Volkskunde/Europäische Ethnologie der Westfälischen Wilhelms-Universität Münster.

Alle Beiträge in der ZfK durchlaufen ein *editorial review*. Wenn einzelne Artikel zudem das von der ZfK angebotene *double-blind-review* durchlaufen haben, ist das am Ende des jeweiligen Textes dokumentiert.

Das Einholen der Reproduktionsrechte für urhebergeschütztes Material liegt in der alleinigen Verantwortung der AutorInnen. Verlag und HerausgeberInnen übernehmen keine Haftung, sollten diese Rechte nicht vorliegen.

Bibliographische Information der Deutschen Nationalbibliothek
Die Deutsche Nationalbibliothek verzeichnet diese Publikation in der Deutschen Nationalbibliografie; detaillierte bibliographische Daten sind im Internet über http://dnb.d-nb.de abrufbar.
Indexiert in EBSCOhost-Datenbanken.

Layoutentwurf: Leonie Lehner
Satz und Layout: Moritz Pisk
Covergraphik: Moloch, Anna Habaschy aka Minaechx, Wien 2017 (www.minaechx.at)
Produktion: Die Produktion – Agentur für Druckrealisation GmbH, Düsseldorf
Printed in Europe
ISBN 978-3-8376-3810-3
ISBN PDF 978-3-8394-3810-7
ISSN 2197-9103
eISSN 2197-9111
Gedruckt auf alterungsbeständigem Papier mit chlorfrei gebleichtem Zellstoff.

Besuchen Sie uns im Internet: *http://www.transcript-verlag.de*
Bitte fordern Sie unser Gesamtverzeichnis und andere Broschüren an unter:
info@transcript-verlag.de

http://zeitschrift-kulturwissenschaften.de

Inhalt

Thema

Einleitung

Till Breyer, Rasmus Overthun, Philippe Roepstorff-Robiano und Alexandra Vasa

Finanzinvestoren fallen wie Heuschrecken über Unternehmen her; Börsenmanager mutieren zu Werwölfen; es grassiert ein von animalischer Gier getriebener Spekulationswahn fernab von jeder ökonomischen Vernunft; Zombies wandeln durch die Konsumtempel der Großstädte; und die Akteure und Märkte eines Raubtierkapitalismus sind gleich Bestien entfesselt worden und außer Kontrolle geraten. In Zeiten des Kapitalismus, das mögen diese geläufigen Motive zeigen, ist ein ganzes Arsenal an Figuren des Monströsen entstanden. In ihnen zeichnen sich die Konturen ebenso wie die Zerrbilder eines umkämpften Gesellschaftssystems ab.

Das monströse Imaginäre des Kapitalismus verweist auf eine ikonographische Tradition des Abweichenden, Entstellten und Widernatürlichen, das in antiken und mittelalterlichen Kulturen Bestandteil von Konstruktionen des Fremden und des Bösen war. Im Übergang zur Moderne und im Zuge der Ausdifferenzierung der kapitalistischen Produktionsweise dient die Metaphorik des Monströsen dem Ausdruck von einschneidenden oder sogar traumatischen Transformations- und Krisenerfahrungen. Das Monströse fungiert als eine Art »symbolisches Vehikel«, durch das frei flottierende kollektive Ängste auf etwas Fassbares ›zurückgebogen‹ werden können (Jameson 1992: 26f.; Žižek 1993: 177). Besonders an den politischen Konfliktzonen und sozialen Abgründen der bürgerlichen Gesellschaft entzündet sich die Motivgenese des Ungeheuerlichen, was sich etwa in der Hochphase der englischen Industrialisierung beobachten lässt. So wird das industrielle Manchester in den 1830er-Jahren als monströses Insekt, als Spinne und Spinnennetz beschrieben (vgl. Marcus 1974: 57-60). Die Verelendung des irischen Landvolks wird als »The ›Monster‹ Misery of Ireland« diskutiert (Wiggins 1844), während die Armut in den Großstädten als »monströser Zustand«, die pauperisierten Arbeiter als »hohläugige[] Gespenster« wahrgenommen werden (Engels 1959 [1845]: 264, 327). Schließlich werden die *Swing Riots* (1830-1833), in denen englische Landarbeiter auf die Einführung neuer Maschinen reagierten, in der Figur des Ungetüms ›Captain Swing‹ symbolisiert, das man auf Drohbriefen an die Landbesitzer abbildete, und dessen explosive Körperteile Brandanschläge und Zerstörung verheißen.

ZfK – Zeitschrift für Kulturwissenschaften 2|2017
urn:nbn:de:hbz:6:3-zfk-2017-20561

Abb. 1: Orlando Hodgson (1830): An Original Portrait of Captain Swing, Farblithographie.

In der Selbstbeobachtung der bürgerlichen Gesellschaft kommt dem Monströsen die Funktion eines Problemreservoirs zu, in dem das Ungelöste und Abgedunkelte sozialer Reproduktion insistiert. Das Monströse, so scheint es, verkörpert das Verdrängte und Vergessene der kapitalistischen Gesellschaftsform. »Perseus brauchte eine Nebelkappe zur Verfolgung von Ungeheuern«, schreibt Karl Marx im Vorwort zum *Kapital.* »Wir ziehen die Nebelkappe tief über Aug' und Ohr, um die Existenz der Ungeheuer wegleugnen zu können« (Marx 1962 [1867]: 15). Die theoretische – und nicht zuletzt metaphorische – Arbeit, mit der Marx diese Verleugnungspraxis zu entlarven versucht, aktualisiert dabei unterschiedliche Bildtraditionen, die über Luthers Wuchergestalten und Dantes ›Inferno‹ bis hin zu antiken Monsterfiguren zurückführen (Roberts 2017: 163-186). Das Ungeheure am Kapitalismus spielt zudem in literarischen Texten eine wichtige Rolle. So werden etwa bei Goethe, Balzac und Raabe Kredit- und Vertragsbeziehungen mit einer Motivik des Diabolischen und Dämonischen besetzt. Es sind offenbar gerade die Figuren und Ästhetiken des Anormalen, die den Blick auf eine ›vernebelte‹ Schicht des kapitalistischen Realen freilegen.

Die monströsen Gestalten, die die Kultur- und Wissensgeschichte des Kapitalismus bevölkern, sind dabei äußerst heterogen, weshalb ihre politischen Implikationen unterschiedlich zu bewerten sind. Die hier versammelten Beiträge lassen sich in diesem Sinne als Fallstudien lesen. Das Verhältnis von Monstrosität und Kapitalismus soll in ihnen nicht definiert, sondern in seiner Komplexität entfaltet werden. Bei aller Unterschiedlichkeit der Gegenstände und Fragestellungen teilen die Aufsätze des Bandes ein gemeinsames historisch-kritisches Erkenntnisinteresse, das sich anhand der folgenden Thesen präzisieren lässt.

Erstens reagieren Figuren des Monströsen auf bestimmte Darstellungsprobleme des Kapitalismus. Dessen schwer greifbare Quasi-Akteure – Proletariat, Kapital, Mehrwert, Märkte usw. – sind in ihrer Disparatheit oder Abstraktheit in dem Maße einer Semantik des Ungeheuren zugänglich, in dem sie sich einer direkten und personalen Konkretisierung entziehen. Bereits im englischen Realismus des 19. Jahrhunderts wird die verstreute soziale Realität der ›Arbeiterklasse‹ zu einer monströsen Gestalt zusammengefügt, etwa in Elizabeth Gaskells sozialem Roman *Mary Barton*, der die Arbeiterschaft als ›Frankensteins Monster‹ in Szene setzt, »that monster of many human qualities, ungifted with a soul« (Gaskell 2005: 144). Bei Marx kehrt sich diese Zuordnung um, wenn dieser nicht die Arbeiter, sondern die moderne Produktionsmaschinerie als »beseeltes Ungeheuer« bezeichnet, dem die Arbeiter nurmehr als »lebendiges isoliertes Zubehör« dienen (Marx 1962 [1867]: 247). In solchen Monsterfiguren lässt sich zudem, wie David McNally zeigt, eine Para-Geschichte des Kapitalismus erkennen, in deren Licht etwa Mary Shelleys *Frankenstein* als Auseinandersetzung mit der Unterdrückung und experimentell-medizinischen Ausbeutung des Londoner Pöbels zu Beginn des 19. Jahrhunderts lesbar wird (McNally 2012: 17-111). Aus dieser Perspektive lässt sich die Motivgeschichte des Monströsen von der *gothic novel* über den modernen Horrorfilm bis hin zur gegenwärtigen politischen Rhetorik als Reflexions- und Visualisierungsmedium ökonomischer Widersprüche begreifen.

Zweitens bedurfte die Entstehung eines Wissens vom ökonomischen Menschen und den freien Märkten seit Ende des 18. Jahrhunderts eines ganzen Inventars an Geistern und Grenzgängern, die dieses immer wieder begleitet und gestützt, gestört und durchkreuzt haben. Ein prominentes Beispiel stellt Adam Smiths *invisible hand* dar, die eine aggregierte Rationalität von Märkten greifbar machen soll. Ist sie bei Smith noch eine eher marginale Metapher, so unterliegt sie im 19. und 20. Jahrhundert einer rezeptionsgeschichtlichen Verselbständigung und rückt ins Zentrum der Smith-Rezeption (vgl. Rothschild 1994). Das Theorem der wie von Geisterhand selbstregulierten Märkte diente und dient zum einen der Legitimation ›freier‹ Marktwirtschaft, in die der Staat nicht eingreifen dürfe, provozierte genauso aber auch wiederholt Zweifel an der empirischen Haltbarkeit dieses unheimlichen Marktkonzepts. In ähnlicher Weise werden auch andere ökonomische Modelle und Szenarien von Monster-Tropen geprägt. Diese charakterisieren von Anfang an die Konzeptualisierung von Börsen und Finanzkatastrophen und finden sich etwa in finanzökonomischen Konstrukten wie dem Ende der 1980er-Jahre geprägten Begriff ›Zombie-Bank‹ wieder, der insolvente Kreditinstitute bezeichnet, die wie Untote weiterexistieren (vgl. Röggla 2009: 30f.).

Drittens ist dem Umstand Rechnung zu tragen, dass Monster als diskursive und ästhetische Artefakte in politisch-gesellschaftliche Auseinandersetzungen eingebunden sind. Als Gegenstände umkämpfter Deutungen und widersprüchlicher Semantisierungen nehmen Monster aber keine vorhersehbare oder eindeutige diskursive Position ein, sondern werden innerhalb sozialer Praktiken und von unterschiedlichen Klassenstandpunkten aus in Stellung gebracht. Das Monströse durchzieht revolutionäre und sozialreformerische, liberale und nationalistische Diskurse gleichermaßen und stellt Bildprogramme zur Verfügung, die mit verschiedenen Interessenlagen und Ideologien kompatibel sind. So diente etwa, wie Silvia Federici dargelegt hat, die Konstruktion der ›Hexe‹ der Durchsetzung eines neuen kapitalistischen Akkumulationsregimes, in dem weibliche Reproduktionsarbeit gewaltsam naturalisiert wurde (Federici 2004). Am folgenreichsten sind wohl dämonisierende Figurationen jüdischer Geldmänner und einer vermeintlich jüdischen und ›parasitären‹ Finanz im 19. Jahrhundert gewesen. Anschließend an ältere judenfeindliche Imaginationen, kanalisierten sie ein kulturelles Unbehagen am Geld und am Finanzmarkt und verstärkten ressentimentgeladene Formen des Antikapitalismus. Teile des kapitalistischen Gesellschaftssystems werden so auf innere Feinde projiziert, die die Rolle von Sündenböcken übernehmen können.

Viertens lassen sich Monster als Interpretamente gesellschaftlicher Krisensituationen begreifen. Wird das Monströse seit der Antike gemäß seiner Etymologie als ›Zeichen‹ und ›Warnung‹ (lat. *monstrare/monere*) gedeutet, so lassen sich Monster auch in den sozialen und ökonomischen Ausnahmezuständen der modernen Gesellschaft als hermeneutische Figuren lesen. So verweisen Figurationen des Proletariats, etwa in der Gestalt des ›Captain Swing‹ oder der ›kopflosen Hydra‹ (Linebaugh/Rediker 2008), auf sich zuspitzende Konflikte innerhalb der Eigentums- und Produktionsverhältnisse. Es ist weiterhin eine strukturelle Krise körperlicher Integrität, die Marx adressiert, wenn er die industrielle Produktion als »Schlächterei« und »Zerstörung an Leben, Gliedmaßen und Gesundheit« vor Augen führt (Marx 1979 [1894]: 98f.). Aber nicht nur mit politisch-gesellschaftlichen Krisen im Allgemeinen, sondern auch mit Erfahrungen von Wirtschaftskrisen im engeren Sinne sind Monsterfiguren verknüpft. So wurde im Kontext der Finanzkrise von 2008ff. im *Time Magazine* der ›Zombie‹ zum »official monster of the recession« erklärt (Grossman 2009; vgl. auch Ehrmann 2014).

Ausgehend von diesen leitenden Überlegungen gehen die Beiträge dem Verhältnis von Monstrosität und Kapitalismus mit unterschiedlichen Akzentsetzungen nach. Entlang neuerer Darstellungen der Figur des Vampirs entziffert Thomas Macho Krisensymptome des Spätkapitalismus wie Alterung, Ermüdung, Erschlaffung und Depression. Spätestens ab den 1990er-Jahren bilde dieser in Serien und Filmen einen suizidalen und melancholischen Hang aus und erwecke seither eher Sympathie und Mitleid als Angst – eine überraschende Entwicklung des Blutsaugers, der beispielsweise bei Marx noch aggressiv auftrat: »Das Kapital ist verstorbne Arbeit, die sich nur vampyrmäßig belebt durch Einsaugung lebendiger Arbeit und um so mehr lebt, je mehr sie davon einsaugt« (Marx 1962 [1867]: 247).

Als ein »Raum voller Monstrositäten« erscheinen im 19. Jahrhundert, wie Uwe Lindemann darlegt, das Novum des Warenhauses und die Sphäre des Konsums. Dieser Raum wird von Frauen bevölkert, die als Konsummonster und als Trägerinnen sozialer Pathologien auftreten, während auch am Kaufhaus selbst – wie in der Literatur Émile Zolas – Züge des Monströsen hervorgekehrt werden. Zudem rekonstruiert Lindemann Zeitdiskurse, die zwischen schlechtem (Produkt-)Geschmack und monströsem Verbrechertum moralische und anthropologische Verknüpfungen herstellen.

Ein anderer Aspekt von Weiblichkeit wird laut Patricia A. Gwozdz ab dem 18. Jahrhundert als monströs kodiert: die Mutterschaft. In populärmedizinischen (Möbius) und politisch-sozialistischen Texten (Marx, Bebel) werde die ›Gebär-Mutter‹ als abnormes

Objekt modelliert, das an die kapitalistische Produktion angeschlossen, aber nicht mit ihr harmonisiert werden könne. Dabei ergeben sich Parallelen zur rezenten Debatte um *regretting motherhood* und damit historische Verbindungslinien, die Gwozdz in eine technopolitische Perspektive überführt: Die einzige Möglichkeit, die Mutterschaft zu befreien, liege in der »biotechnologische[n] Exterritorialisierung des weiblichen Organs«.

Tobias Gnüchtel geht anhand von Don Delillos *Libra* der Figur des Kennedy-Attentäters nach und zeigt, dass diese sich in einer Konstellation von Monstrositäten bewegt. Diese reicht von einer Kodierung des Attentäters als kommunistisches Monster über das monströse System des amerikanischen Kapitalismus und seines *deep state* hin zu einem Archiv, das an der Dokumentation der hybriden und proliferierenden Fakten zum Fall scheitert. Schließlich tritt aus der dekonstruktiven Bewegung des Romans eine »Monstrosität des historischen Ereignisses« selbst zutage.

Eine fundamentale Entgrenzung zwischen Mensch und Technik, Natur und Kultur und sogar zwischen den biologischen Arten stellt, so Solvejg Nitzke, der Roman *Die Abschaffung der Arten* von Dietmar Dath in Aussicht. Dath führe die Debatte um das Anthropozän *ad absurdum*, insofern die Beherrschung und Ausbeutung der Erde durch den Menschen scheinbar in die Auslöschung des Menschen selbst mündet. Der Roman oszilliert hier zwischen dem Ende der Geschichte und der radikalen Gestaltbarkeit von Zukunft. Es bleibt offen, ob mit der monströsen Überschreitung des Menschen auch das Zeitalter des Kapitalismus überwunden wird.

Ben Fine entwickelt in einem kritischen Überblick über die Geschichte der Wirtschaftswissenschaften seine Konzeption von *zombieconomics*. Mit diesem zugleich heuristischen und ironisch-kritischen Begriff fokussiert Fine bestimmte (un)tote Wissenselemente der Politischen Ökonomie, die seit dem 18. Jahrhundert nicht nur die wirtschaftswissenschaftliche Disziplin selbst, sondern auch geistes- und sozialwissenschaftliche Methodiken ›infiziert‹ haben. Die Metapher des Zombies wird so zu einer epistemischen Brille, durch die die Geschichte ökonomischen Wissens neu perspektiviert werden kann.

Bei allen Beiträger/innen zu diesem Band möchten wir uns für ihre Arbeit und Geduld herzlich bedanken. Unser Dank gilt auch den Herausgeberinnen und dem Organisationsteam der Zeitschrift für die redaktionelle Unterstützung, insbesondere Karin Harrasser, Elisabeth Timm, Kathrin Audehm, Sarah Sander und Michael Geuenich. Anna Habaschy danken wir für die Gestaltung des Titelcovers. Joseph Vogl (Humboldt Universität zu Berlin) und Veronika Thanner (Leibniz-Gemeinschaft) danken wir für die inhaltliche und konzeptionelle Beratung. Dem PhD-Net »Das Wissen der Literatur« (HU Berlin) und dem Institut für Erziehungswissenschaft der Universität Hildesheim sei für die finanzielle Förderung und Ermöglichung der Publikation gedankt. Thema und Idee des Bandes gehen auf eine Konferenz im Jahr 2015 in Berlin zurück.[1] Auch den Beiträger/innen und Mitgestalter/innen der Konferenz möchten wir an dieser Stelle nochmal unseren großen Dank aussprechen.

1 https://monsterundkapitalismus.wordpress.com (18.07.2017); Konferenzbericht von Johanna Stapelfeldt: »Monster und Kapitalismus (Interdisziplinäre Nachwuchskonferenz in Berlin v. 7.-9.5.2015)«. In: *Zeitschrift für Germanistik* N.F. XXVI (2016, 1), 145-147.

Literatur

Ehrmann, Jeanette (2014): »Working Dead. Walking Debt. Der Zombie als Metapher der Kapitalismuskritik«. In: *Zombies. Zeitschrift für Kulturwissenschaften* 2014, 2, hg. v. Gudrun Rath, 21-34.

Engels, Friedrich (1959 [1845]): *Die Lage der arbeitenden Klasse in England*. In: Karl Marx/Ders.: *Werke* (MEW), hg. v. Institut für Marxismus-Leninismus beim ZK der SED, Bd. 2, Berlin: Dietz, 257-506.

Federici, Silvia (2004): *Caliban and the Witch: Women, the Body and Primitive Accumulation*, New York: Autonomedia.

Gaskell, Elizabeth (2005): *Mary Barton: A Tale of Manchester Life*. In: *The Works of Elizabeth Gaskell*, Bd. 5, London: Pickering and Chatto.

Grossman, Lev (2009): »Zombies are the New Vampires«. In: *Time*, 09.04.2009, http://content.time.com/time/magazine/article/0,9171,1890384,00.html (15.08.2017).

Jameson, Frederic (1992): *Signatures of the visible*, New York: Routledge.

Linebaugh, Peter/Marcus Rediker (2008): *Die vielköpfige Hydra. Die verborgene Geschichte des revolutionären Atlantiks*, Berlin, Hamburg: Assoziation A.

Marcus, Steven (1974): *Engels, Manchester, and the Working Class*, London: Weidenfeld & Nicolson.

Marx, Karl (1962 [1867]): *Das Kapital. Kritik der politischen Ökonomie. Erster Band: Der Produktionsprozeß des Kapitals*. In: Ders./Friedrich Engels: *Werke* (MEW), hg. v. Institut für Marxismus-Leninismus beim ZK der SED, Bd. 23, Berlin: Dietz.

Marx, Karl (1979 [1894]): *Das Kapital. Kritik der politischen Ökonomie. Dritter Band: Der Gesamtprozeß der kapitalistischen Produktion*. In: Ders./Friedrich Engels: *Werke* (MEW), hg. v. Institut für Marxismus-Leninismus beim ZK der SED, Bd. 25, Berlin: Dietz.

McNally, David (2011): *Monsters of the Market: Zombies, Vampires and Global Capitalism*, Leiden/Boston: Brill.

Roberts, William Clare (2017): *Marx's Inferno: The Political Theory of Capital*, Princeton/Oxford: Princeton University Press.

Röggla, Kathrin (2009): *Gespensterarbeit, Krisenmanagement und Weltmarktfiktion*, Wien: Picus.

Rothschild, Emma (1994): »Adam Smith and the Invisible Hand«. In: *The American Economic Review* 84: 2, 319-322.

Wiggins, John (1844): *The ›Monster‹ Misery of Ireland: A Practical Treatise on the Relation of Landlord and Tenant, With Suggestions of Legislative Measures, And the Management of Landed Property, The Result of Above Thirty Years' Experience and Study of the Subject*, London: Bentley.

Žižek, Slavoj (1993): *Grimassen des Realen. Jacques Lacan oder die Monstrosität des Aktes*, Köln: Kiepenheuer & Witsch.

Abbildungsnachweis

Abb. 1: Orlando Hodgson (1830): An Original Portrait of Captain Swing, Farblithographie, © The Trustees of the British Museum.

Zivilisierung der Vampire? Zum Gestaltwandel der Blutsauger

Thomas Macho

Wenige Überlegungen Walter Benjamins sind – vielleicht mit Ausnahme des Essays über *Das Kunstwerk im Zeitalter seiner technischen Reproduzierbarkeit* oder der *Geschichtsphilosophischen Thesen* – so intensiv diskutiert worden wie ein kleines Fragment zum *Kapitalismus als Religion*: eine Sammlung von Einfällen und möglichen Schlussfolgerungen, inspirierend, gelegentlich auch widersprüchlich oder unklar. Benjamin behauptete in diesem Fragment, das er vermutlich in der ersten Jahreshälfte 1921 verfasste, der Kapitalismus sei eine Religion ohne Dogma und Theologie, ein Kult fortschreitender Verschuldung:

»Ein ungeheures Schuldbewusstsein[,] das sich nicht zu entsühnen weiß, greift zum Kultus, um in ihm diese Schuld nicht zu sühnen, sondern universal zu machen, dem Bewußtsein sie einzuhämmern und endlich und vor allem den Gott selbst in diese Schuld einzubegreifen[,] um endlich ihn selbst an der Entsühnung zu interessieren. [...] Es liegt im Wesen dieser religiösen Bewegung, welche der Kapitalismus ist[,] das Aushalten bis ans Ende[,] bis an die endliche völlige Verschuldung Gottes, den erreichten Weltzustand der Verzweiflung auf die gerade noch *gehofft* wird.« (Benjamin 1985 [1921]: 100f.).

Unklar bleibt, *welcher* Gott durch den Prozess der Verschuldung zum Handeln gezwungen werden soll: ein erlösender Gott? Ein Maschinengott? Ein apokalyptischer Weltenrichter? Oder ein archaischer Gott des Krieges und der Zerstörung? Werden die Menschen verschuldet oder der Gott? Und welche ›Heilung‹ erhofft das »Aushalten bis ans Ende«? Und welches Ende? Das mögliche Ende des Kapitalismus hat der – am 1. Oktober 2012 in London verstorbene – Historiker Eric John Hobsbawm in einem vieldiskutierten Interview für das deutsche Magazin *Stern* vom 13. Mai 2009 drastisch kommentiert:

»Wie reagieren die Menschen, wenn alle Sicherheiten verschwinden, sie aus ihrem Leben hinausgeworfen, ihre Lebensentwürfe brutal zerstört werden? Meine geschichtliche Erfahrung sagt mir, dass wir uns – ich kann das nicht ausschließen – auf eine Tragödie

ZfK – Zeitschrift für Kulturwissenschaften 2|2017
urn:nbn:de:hbz:6:3-zfk-2017-20611

zubewegen. Es wird Blut fließen, mehr als das, viel Blut, das Leid der Menschen wird zunehmen, auch die Zahl der Flüchtlinge« (Hobsbawm 2009).

Sechs Jahre danach hat Ulrike Herrmann in *Le Monde diplomatique* vom 10. April 2015 diese Warnung schlicht bestätigt, in einer Mischung aus Skepsis und Ratlosigkeit:

»Der Kapitalismus ist zum Untergang verdammt. Er benötigt Wachstum, aber in einer endlichen Welt kann es unendliches Wachstum nicht geben. Viele Kapitalismuskritiker frohlocken, sobald sie diese Prognose hören, doch darf man sich das Ende nicht friedlich vorstellen. Der Kapitalismus wird chaotisch und brutal zusammenbrechen – nach allem, was man bisher weiß. [...] Wie man den Kapitalismus transformieren kann, ohne dass er chaotisch zusammenbricht – dies muss erst noch erforscht werden« (Herrmann 2015).

Im selben Jahr, in dem Ulrike Herrmann diese Thesen veröffentlichte, erschien im Hanser-Verlag die Übersetzung eines Gesprächs über die finalen Perspektiven des Kapitalismus, das David Graeber und Tomáš Sedláček geführt hatten, die erst 2012 mit Büchern über die Geschichte der Schulden und die Moralität der Ökonomie hervorgetreten waren (vgl. Graeber 2012; Sedláček 2012). In diesem Gespräch sprachen die beiden Autoren beinahe mehr über Horrorfilme und über das Personal, das diese Filme bevölkert, als über ökonomische Theorien. »Manchmal denke ich«, bemerkte etwa Graeber,

»dass man die psychologischen Auswirkungen von Schulden am besten verstehen kann, wenn man an Horrorfilme denkt. Das wirklich Beängstigende bei einem Horrorfilm ist nicht, dass man getötet werden könnte, sondern dass man in ein Monster verwandelt werden könnte. Die meisten furchterregenden Monster sind ja auch jene, die den Menschen in ihresgleichen zu verwandeln drohen: in Werwölfe, Zombies, Vampire und so weiter. Aber natürlich verwandeln sie den Menschen nur in einen jämmerlichen Abklatsch ihrer selbst, er wird kein echter Meister-Vampir, sondern nur ein kleiner Lakai. Und Schulden tun das in gewisser Weise auch« (Sedláček/Graeber 2015: 75).

In weiterer Folge sprachen sie allerdings vorrangig von Werwölfen und von Zombies; Tomáš Sedláček bemerkte: »Zombies sind sehr effizient – ich meine damit, sie können gleichzeitig essen und sich vermehren. (Das ist eine Fähigkeit, die wir als Menschen noch nicht erlangt haben. Bei uns vollziehen sich Essen und Vermehrung noch getrennt)« (68). Von Vampiren war dagegen in diesem Gespräch signifikant seltener die Rede, obwohl doch der Vampir, der Blutsauger, geradezu als Archetyp des Kapitalisten (zumeist mit antisemitisch ausgemalten Zügen) betrachtet zu werden verdient. Auch neuere Filme assoziieren den Finanzmanager eher mit dem Werwolf – ich denke etwa an Martin Scorseses *The Wolf of Wall Street* von 2013 – als mit dem Vampir. Der Vampir wirkt antiquiert, vor allem im Vergleich mit dem Zombie, der zur wahren Ikone des Konsumenten aufgestiegen ist, zuletzt sogar in der Auto-Werbung (Audi). Welche Gründe könnten für diese Relativierung der Vampire geltend gemacht werden?

1. »Sometimes I talk to them before I kill them«

Vampire sind bissige Ungeheuer, blutsaugende Wiedergänger, die ihre Lebenskraft am Blut sterblicher Zeitgenossen stärken und beliebig verlängern können. So erscheinen sie zumindest in der *gothic*-Literatur des 19. Jahrhunderts; ihr prominentester Vertreter war Graf Dracula in Bram Stokers Roman (von 1897). Seine düstere Gestalt hat sich auch auf der Leinwand behauptet: von Friedrich Murnaus *Nosferatu* (1922) bis zu Francis Ford Coppolas *Dracula* (1992). Akkordiert wurden diese *Dracula*-Filme durch zahlreiche Vampirfilme, die am Mythos partizipierten, ohne ihn explizit zu zitieren oder zu verändern. Zum wesentlichen Rahmen der Handlung zählten regelmäßig ein Spukschloss, die Unfähigkeit der Vampire, ein Spiegelbild zu erzeugen, ihre Abneigung gegen Sonnenlicht, Knoblauch, Silberamulette und Kruzifixe, ihre mögliche Tötung durch einen ins Herz getriebenen Holzpfahl – was an die bevorzugt grausame Hinrichtungsart erinnert, die ein mögliches historisches Vorbild Draculas, der rumänische Woiwode Vlad III. (um 1431–1477), genannt Tepes, der »Pfähler«, praktiziert haben soll – und natürlich die blutigen Bisse, die durch lange und spitze Eckzähne hervorgerufen werden. Neben Vlad wurden die Wurzeln der Vampirmythen mit Bestattungen scheintoter Menschen in Zusammenhang gebracht, oder mit Fledermäusen, in die sich Vampire für ihre nächtlichen Ausflüge verwandeln. Die medizinhistorischen Wurzeln der Vampirmythen hat etwa Klaus Hamberger exemplarisch untersucht (vgl. Hamberger 1992); die psychoanalytischen Referenzen und Kontexte des Vampirismus hat Laurence A. Rickels in seinen *Vampire Lectures* (von 1999) ausführlich dargestellt (vgl. Rickels 2007).

Ein Bruch des Genres ereignete sich spätestens 1994, als Neil Jordans Verfilmung eines Romans von Anne Rice die Kinos eroberte: *Interview with the Vampire*. Für den Kassenerfolg des Films war nicht nur die opulente Besetzung – mit Brad Pitt, Tom Cruise, Christian Slater, Antonio Banderas und Kirsten Dunst – verantwortlich, sondern auch die Narration selbst: die Präsentation des sensiblen Vampirs Louis de Pointe du Lac (Brad Pitt; vgl. Abb. 1), der nicht nur zwischenzeitlich, aus Mitleid mit seinen Opfern, auf Vampirbisse verzichtet und sich von Ratten ernährt, sondern auch während einer Pestepidemie in Louisiana das Waisenmädchen Claudia (Kirsten Dunst), das neben seiner toten Mutter sitzt, buchstäblich ins Herz schließt – ihre Herzen pochen spontan im selben Takt – und gleichsam adoptiert. Sein Lehrmeister, Gefährte und Gegenspieler Lestat de Lioncourt (Tom Cruise) verwandelt das Mädchen in einen Vampir, was jedoch bewirkt, dass Claudia ihr ewiges Leben als Kind verbringen muss. Darum rächt sie sich, gemeinsam mit Louis, an Lestat, indem sie ihm die Kehle durchschneidet, ohne ihn dabei wirklich zu töten. Zwei Szenen sind besonders signifikant: der Suizidversuch, den Louis unternimmt, indem er sein Haus in Louisiana anzündet, um im Feuer zu sterben, und die Melancholie des abgemagerten Vampirs Lestat in New Orleans, der das untote Leben in der Postmoderne kaum mehr erträgt, Dashiell Hammetts *Maltese Falcon* liest, und vor Sonnenaufgängen im Kino davonläuft:

> »A motion picture, Louis. People moving on a giant screen. Oh, it was magic. And there was dialogue, written on cards in between the moving picture. It was a whole story.

> Orphans In The Storm. Lillian Gish. It was beautiful. [...] They showed the daytime sky! I was frightened. I left the theatre. I ran all the way back here«.

Natürlich wird Lestat rasch aufgeklärt, dass ihm gefilmte Sonnenaufgänge nichts anhaben können; dennoch versandet das Gespräch rasch in tiefer Melancholie. Lestat resümiert: »Loneliness. You needn't tell me. You should develop a taste for rats again. You tried once, didn't you? Sometimes I talk to them before I kill them. I never did that with innocent mortals«.

Abb. 1: Sensible Vampire: Kirsten Dunst, Brad Pitt und Tom Cruise in *Interview with the Vampire* (1994, Regie: Neil Jordan).

2. »Excuse-moi?«

Die neuen Vampire sind also sensibel, mitleids- und liebesfähig, höflich, rücksichtsvoll, melancholisch und latent suizidgefährdet. Dieser Trend hat sich auch im 21. Jahrhundert fortgesetzt. Ausgerechnet im Krisenjahr 2008 – wenige Wochen nach der Lehmans-Pleite (vom 17. November 2008) – kam der erste Film der *Twilight Saga* in die Kinos, der die Liebesgeschichte zwischen Bella Swan (Kristen Stewart) und dem Vampir Edward Cullen (Robert Pattinson) schilderte (vgl. Abb. 2). Dieser Film endet mit einer paradoxen Umkehrung der klassischen Vampirliebe: Bella wird zwar von einem anderen Vampir gebissen, doch Edward saugt ihr das vergiftete Blut aus der Wunde, um zu verhindern, dass sie selbst zum Vampir wird. Sein Biss fungiert als medizinische Rettungstat, als rationalisierter Handkuss, als eine Art von Reanimation: Ich muss dich beißen, um dich vor dem Schicksal zu bewahren, so zu werden wie ich selbst. Eine Schlüsselrolle spielt dabei sein Vater, Dr. Cullen, der ihn vor die Alternative stellt, Bella zu retten und dabei die eigene Blutgier zu bremsen – »Find the will to stop. But choose, she only has minutes left« – oder sie in einen Vampir zu verwandeln.

Zwei Monate früher, am 7. September 2008 wurde die erste Folge der TV-Serie *True Blood* ausgestrahlt, in der die Vampire sich zumeist mit synthetischem Blut bescheiden. Auch im Mittelpunkt von *True Blood* stand anfangs eine Liebesgeschichte: die Beziehung

Abb. 2: Verkehrte Vampirliebe: Kristen Stewart und Robert Pattinson in *The Twilight Saga: New Moon* (2009, Regie: Chris Weitz).

zwischen Sookie Stackhouse (Anna Paquin) und dem Vampir Bill Compton (Stephen Moyer); inzwischen wurden bereits sieben Staffeln dieser Serie abgedreht. Ebenfalls im Jahr 2008 feierte der schwedische Film *Låt den rätte komma in* (wörtlich: »Lass den Richtigen hereinkommen«, im deutschen Verleih unter dem Titel *So finster die Nacht*) von Tomas Alfredson Premiere; er wurde viel gelobt und mit sechzig Filmpreisen ausgezeichnet. Neuerlich ging es um eine Liebesgeschichte zwischen Mensch und Vampir, nun zwischen dem in sich gekehrten Jungen Oskar (Kåre Hedebrant) und dem androgynen Vampirmädchen Eli (Lina Leandersson). Am Ende des Films fliehen Oskar und Eli im Zug; aus der Kiste im Gepäck, in der Eli transportiert wird, hören wir Morseklopfzeichen für das Wort »Kuss«. Küsse sind also endgültig an die Stelle der Bisse getreten, und nebenbei sind die Vampire – wie schon Claudia in Neil Jordans Film – zu ewigen Kindern geworden.

Ein letztes Beispiel soll genügen. Der vorletzte Film von Jim Jarmusch – *Only Lovers Left Alive* (von 2013) – erzählt noch einmal die Liebesgeschichte zwischen zwei Vampiren: Adam (Tom Hiddleston) und Eve (Tilda Swinton). Sie ernähren sich zwar nicht von synthetischem Blut, sondern von Blutkonserven aus einem Spital, deren Inhalt sie aus eleganten Sherry-Gläsern trinken; manchmal scheint ihre Lebensmüdigkeit sogar ihre Jahrhundertliebe zu überwinden, etwa zu Beginn des Films, als der Musiker Adam seinen Suizid plant (vgl. Abb. 3), mithilfe einer spezifischen Holzkugel, die er sich – an Stelle des obligaten Pfahls – ins Herz jagen will. »I need a 38 caliber bullet – but made of wood. Made from the hardest and most dense wood that you can find«. Natürlich siegt die Liebe über die Verzweiflung; am Ende sind Adam und Eve jedoch gezwungen, ein anderes Liebespaar dem eigenen Überleben zu opfern. »Excuse-moi?«, fragt Eve immerhin, bevor sie ihre Zähne in den Hals des küssenden Mädchens schlägt, was wir, auch der Film bleibt so diskret wie seine Helden, nicht mehr zu sehen bekommen. Tom nennt die sterblichen Menschen übrigens »Zombies«; seinen Suizidplan rechtfertigt er gegenüber Eve, »my old pet rat«, die ihn fragt »Can't you tell your wife what your problem is?«, mit den Worten: »It's the zombieism. The way they treat the world. It does feel like

Abb. 3: Tom Hiddleston als lebensmüder Vampir in *Only Lovers Left Alive* (2013, Regie: Jim Jarmusch).

I'm the sands at the bottom of an hourglass, or something. Time to turn it over, then«. Diese Bemerkung gibt einen ersten Hinweis auf die möglichen Hintergründe der bemerkenswerten Traurigkeit der Vampire: Sie haben skrupellosere Konkurrenz im Beißen erhalten, durch die Zombies und Werwölfe, die bereits in der *Twilight Saga* oder in *True Blood* als proletarische, konsumgierige Gegenspieler der melancholischen Aristokraten aufzutreten pflegen. Zombies und Werwölfe begnügen sich nicht mit Blut; wie hungrige Raubtiere reißen sie ihre Opfer und fressen auch ihr Fleisch.

> »Oh, Adam. You always have the convenience of the zombies to blame when you get low. What about all your heroes? – I don't have heroes. – No? – What about your blessed scientists? – The scientists? Look what they've done to them. Pythagoras, slaughtered. Galileo, imprisoned. Copernicus, ridiculed. Poor old Newton pushed into secrecy in alchemy. Tesla, destroyed. His beautiful possibilities completely ignored. And still bitching about Darwin.« – »It's the zombies I'm sick of. And the fear of their own fucking imaginations«.

3. Umwertung der Unsterblichkeit

Was spiegelt sich in diesem knapp skizzierten Zivilisierungsprozess der Vampire? Eine anachronistische Vision des Klassenkampfs, bei dem eine postmoderne Konsumentenklasse auf die nahezu ausgestorbenen Repräsentanten des Adels trifft, die durch gute Manieren und temporäre Enthaltsamkeit imponieren? Gehören die Kapitalisten, Börsenspekulanten und Finanzmakler längst zur Klasse der bissigen Wölfe, die sich weder durch Reflexionsniveau noch durch Raubgier signifikant von den bewusstloseren Zombies unterscheiden?

Ist darum der Vampir zum romantisch-nostalgisch verklärten Topos der Sehnsucht nach einer untergegangenen Kultur aufgestiegen? In *Only Lovers Left Alive* sind die Vampire die letzten Bohemiens, Intellektuelle wie Christopher Marlowe (gespielt von John Hurt), der nicht nur behaupten darf, unter dem Pseudonym Shakespeare geschrieben zu haben, sondern auch den Kreis seiner Freunde mit frischen Blutvorräten versorgt? Während wir uns mühelos mit solchen Vampir-Sympathieträgern identifizieren können, avancieren die Zombies zu Feindbildern par excellence: dumm, gierig, brutal, doch – anders als die Vampire – leicht zu töten. Wer mag sich ausmalen, wen wir, mehr oder weniger unbewusst, für solche »Zombies« halten? – Zombies sind die neuen »Untermenschen«, die skrupellos getötet werden dürfen, um das eigene Fortleben zu sichern.

Die Zivilisierung der Vampire kann im Licht sozialer und ökonomischer Entwicklungen beurteilt werden; ebenso wichtig erscheint mir allerdings eine Perspektive, die den Wandel unserer Einstellungen zur Langlebigkeit in den Mittelpunkt rückt. Nach Berechnungen des Statistischen Bundesamts in Wiesbaden hat sich die Lebenserwartung in Deutschland seit 1871 mehr als verdoppelt. Sogar die fernere Lebenserwartung – die durchschnittliche Zahl der Lebensjahre, die Frauen und Männer im Alter von sechzig Jahren noch erwarten dürfen – wird sich bis 2050 im Verhältnis zu 1900 beinahe verdoppelt haben: Während sechzigjährige Männer zu Beginn des 20. Jahrhunderts mit dreizehn weiteren Jahren rechnen durften, werden sie 2050 noch fast 24 Jahre leben; sechzigjährige Frauen werden statt ehemals vierzehn Jahren mehr als 28 Jahre, im Durchschnitt also bis zu ihrem 88. Geburtstag leben. Unter den Bedingungen dieses demographischen Wandels sind überraschende Todesfälle seltener geworden; und die ehemals gültigen Ideale eines wünschenswerten Todes haben sich geradezu in ihr Gegenteil verkehrt. In vergangenen Jahrhunderten galt der plötzliche Tod als Unglück, während der allmähliche Tod als guter Tod angesehen wurde, der eine Ordnung der irdischen und himmlischen Dinge erlaubte. Heute gilt dagegen das allmähliche, verzögerte Sterben zunehmend als Unglück, das mithilfe von Patientenverfügungen oder palliativmedizinischen Maßnahmen limitiert werden muss, während ein plötzlicher Tod, der die Menschen mitten aus dem Leben herausreißt, mehrheitlich als ein schöner Tod betrachtet wird. Dieser Mentalitätswandel manifestierte sich schon in Nachrufen, wie sie etwa nach dem Tod Giuseppe Sinopolis oder Harun Farockis publiziert wurden, aber auch in neuen Formen der Sterbe- und Trauerliteratur.

Anders gesagt: Langlebigkeit ist ein Wert, dessen Bedeutung zunehmend relativiert wird, je mehr Menschen damit rechnen müssen, ein hohes Alter zu erreichen. Und dieser Wandel trifft auch die Vampire: Ihre Bisse werden umso zärtlicher, je mehr wir die Zahnlosigkeit des Alters zu fürchten lernen. Im selben Jahr 1922, in dem Murnau seinen *Nosferatu* drehte, brachte der tschechische Autor Karel Čapek sein eigentlich als Roman konzipiertes Drama *Věc Makropulos* auf die Prager Bühne; dort sah es auch Leoš Janáček, der das Stück 1926 als Oper (mit einem Libretto von Max Brod) vertonte. Die schwarze Komödie und die Oper handeln von der Langeweile der Unsterblichkeit, vom Gift der Lebenselixiere und der Melancholie eines Daseins, dem keine Grenzen gesetzt sind. Thema und Stoff sind heute viel aktueller als in der Zeit zwischen den Weltkriegen; Talkshows und Presse widmen sich in stets neuen Anläufen der Frage nach dem Alterssuizid, der – beispielsweise anlässlich der Freitode des Gentleman-Playboys Gunter Sachs (am 7.

Mai 2011), des ehemaligen MDR-Intendanten Udo Reiter (am 9. Oktober 2014) oder des Schriftstellers Fritz J. Raddatz (am 26. Februar 2015) – zunehmend bewundert wird.

Soviel wusste wohl auch Stephen King, als er 2013 eine Fortsetzung seines weltberühmten, von Stanley Kubrick 1980 verfilmten Romans *The Shining* (1977) verfasste. In dieser Fortsetzung trifft Danny Torrance, einst das hellsichtige Kind des ersten Romans, auf eine Sekte von Vampiren, die sich vom »Lebenselixier« der Schmerzen gequälter Kinder ernähren. Beschrieben werden diese neuen Vampire nicht mehr wie edle, melancholische und suizidgefährdete Aristokraten, sondern wie unauffällige Rentner in Polyesterkleidung, die in ihren Caravans umherfahren.

> »Ihr seht sie gar nicht richtig, stimmt's? Wieso solltet ihr das auch tun? Es sind bloß die Wohnmobilleute, ältere Rentner und einige jüngere Gesinnungsgenossen, die ihr wurzelloses Leben auf den Schnell- und Fernstraßen verbringen, die auf Campingplätzen hausen, wo sie in ihren Klappsesseln von Walmart herumhocken und sich auf ihrem Gartengrill was brutzeln, während sie sich über Geldanlagen, Angelwettbewerbe, Eintopfrezepte und weiß Gott was auslassen« (King 2013: 201).

Danny Torrance dagegen arbeitet als Sterbebegleiter in einem Hospiz, wo er liebevoll *Doctor Sleep* genannt wird, weil er einen sanften Tod ermöglicht. Nicht die Vampire müssen zivilisiert werden, sondern die Alten, die nicht sterben wollen, so lautet die beunruhigende Botschaft Kings, die von einer neuen, friedlichen Sterbekultur träumt, freilich um den Preis einer Tötung der allzu lebensgierigen Alten. Viel düsterer noch hat King diese Vorstellungen in einem Roman mit dem Titel *Revival* (von November 2014) ausgemalt: Hier erscheint das christliche Auferstehungsversprechen geradezu als eine schwarze Prophetie der Hölle (vgl. King 2015). In Stephen Kings Altersromanen gelangt eine biopolitisch inspirierte Naturalisierung des Klassenkampfs zum Ausdruck: als Krieg der Alten gegen die Jungen. Dagegen werden die ökonomischen Referenzen einer Kritik der Unsterblichkeit, wie sie etwa John Gray (mit wissenschaftsgeschichtlichen Argumenten) vorgetragen hat (vgl. Gray 2012), nicht auf die Ökonomie bezogen: etwa als Kritik am Phantasma des unbegrenzten Wachstums, das zur Imagination kontingenter Katastrophen und Rückschläge zwingt, zur Konversion der Überlebensgier in eine Art von Todessehnsucht. Das imaginäre Projekt einer Zivilisierung der Vampire bleibt ambivalent; auch die »Erziehung« der widerspenstigen Schwester Eves (Ava, gespielt von Mia Wasikowska) – in *Only Lovers Left Alive* – scheitert: »This is the bloody 21st century«. Und neuerlich wird Eric Hobsbawms düstere Prognose beglaubigt.

Literatur

BENJAMIN, Walter (1985 [1921]): »Kapitalismus als Religion« [fr. 74]. In: Ders.: *Gesammelte Schriften*, hg. v. Rolf Tiedemann und Hermann Schweppenhäuser, Bd. 6, Frankfurt/Main: Suhrkamp, 100-103.

GRAEBER, David (2012): *Schulden. Die ersten 5000 Jahre*, übers. v. Ursel Schäfer/Hans Freundl/Stephan Gebauer, Stuttgart: Klett-Cotta.

GRAY, John (2012): *Wir werden sein wie Gott. Die Wissenschaft und die bizarre Suche nach Unsterblichkeit*, übers. v. Christina Schmutz/Frithwin Wagner-Lippok, Stuttgart: Klett-Cotta.

HAMBERGER, Klaus (1992): *Über Vampirismus: Krankengeschichten und Deutungsmuster 1801–1899*, Wien: Turia & Kant.

HERRMANN, Ulrike (2015): »Über das Ende des Kapitalismus« In: *Le Monde diplomatique* Nr. 10685, 10.04.2015.

HOBSBAWM, Eric J. (2009): »Es wird Blut fließen, viel Blut«. Interview von Arno Luik. In: *Stern*, Heft 20, 13.05.2009, http://www.stern.de/wirtschaft/unternehmen/maerkte/700669.html (15.08.2017).

KING, Stephen (2013): *Doctor Sleep*, übers. v. Bernhard Kleinschmidt, München: Heyne.

KING, Stephen (2015): *Revival*, übers. v. Bernhard Kleinschmidt, München: Heyne.

RICKELS, Laurence A. (2007): *Vampirismus Vorlesungen*, übers. v. Egbert Hörmann, Berlin: Brinkmann & Bose.

SEDLÁČEK, Tomáš (2012): *Die Ökonomie von Gut und Böse*, übers. v. Ingrid Proß-Gill, München, Wien: Hanser.

SEDLÁČEK, Tomáš /Graeber, David (2015): *Revolution oder Evolution. Das Ende des Kapitalismus?*, Gespräch mit Roman Chlupatý, übers. v. Hans Freundl, München: Hanser.

Abbildungsnachweise

Abb. 1: Sensible Vampire: Kirsten Dunst, Brad Pitt und Tom Cruise in *Interview with the Vampire* (1994, Regie: Neil Jordan).

Abb. 2: Verkehrte Vampirliebe: Kristen Stewart und Robert Pattinson in *The Twilight Saga: New Moon* (2009, Regie: Chris Weitz).

Abb. 3: Tom Hiddleston als lebensmüder Vampir in *Only Lovers Left Alive* (2013, Regie: Jim Jarmusch).

Die Monstren des Konsums. Zur historischen Epistemologie der modernen Konsumsphäre

Uwe Lindemann

Die Konsumsphäre um 1900 ist ein Raum voller Monstrositäten. Monströs sind Orte, Dinge und das Verhalten der Menschen an diesen Orten. Die Zuschreibungen des Monströsen im Rahmen der modernen Konsumsphäre sind Versuche, die vermeintlichen ›Auswüchse‹ des modernen Konsums in suggestive Bilder und Metaphern zu übersetzen, um die mit den Modernisierungsprozessen des 19. Jahrhunderts verbundenen Ängste artikulieren zu können. Gleichzeitig erzeugen diese Bilder und Metaphern ein spezifisches Wissen über die moderne Konsumsphäre. Dieses Wissen dient der Komplexitätsreduktion, das heißt der Zurichtung, Einordnung und Normalisierung des Anderen, hier des modernen Massenkonsums. Mithilfe dieses Wissens können die mit den Modernisierungsprozessen einhergehenden Herausforderungen und Ambivalenzen ausgedrückt und begreifbar gemacht werden.

Mit den modernen Konsumwelten etablieren sich in der zweiten Hälfte des 19. Jahrhunderts neue Raumkonzepte, neue betriebliche Organisationsformen und neue Berufe. Es eröffnen sich neue Felder sozialer Kommunikations- und Interaktionsformen, die eng mit der Herausbildung der modernen Konsumgesellschaft verbunden sind und deren Effekte sich bis in die Redefinition von Geschlechterdifferenzen verfolgen lassen. Die modernen Konsumwelten, die seinerzeit als unmittelbarer Ausdruck der kapitalistischen Wirtschaftsweise angesehen werden, avancieren zu einem wichtigen Bezugspunkt der ideologischen Positionierung hinsichtlich der Darstellung und Deutung der Modernisierungsprozesse des ausgehenden 19. Jahrhunderts. Hierbei spielt die Metapher des Monströsen eine zentrale Rolle.

Die folgenden Ausführungen werfen Schlaglichter auf eine Reihe von diskursiven Feldern, innerhalb derer um 1900 die Metapher des Monströsen in Bezug zum modernen Massenkonsum gesetzt wird. Hierbei können in Bezug auf die Verwendung der Monstermetapher drei unterschiedliche Monstrositätskonzepte unterschieden werden, die sich auf komplexe Weise überlagern und durchdringen: ein ästhetisches des aus der Form geratenen, sprich disproportionalen Körpers, ein moralisches, das im Kern auf dem Prinzip der Maßlosigkeit beruht, sowie ein räumliches, in dem Monstrosität mit übermäßiger Größe als Gigantismus identifiziert wird. So verschieden diese Monstrositätskonzepte

ZfK – Zeitschrift für Kulturwissenschaften 2|2017
urn:nbn:de:hbz:6:3-zfk-2017-20609

prima vista wirken, sie treffen sich in einer Entgrenzungsfigur, die als Projektionsfläche der erwähnten Modernisierungsängste dient.

Monströse Orte

In Émile Zolas Roman *Au Bonheur des Dames* (1882/83) gehört die Metapher des Monstrums (»le monstre«) zu den zentralen Metaphern, mit denen das im Mittelpunkt der Handlung stehende Warenhaus bezeichnet wird. Die Kennzeichnung des Warenhauses als Monstrum erfolgt aus der Perspektive der kleinen Einzelhändler in der direkten Umgebung. Ihr Blick auf das Warenhaus ist ambivalent: Einerseits macht es ihnen Angst. Andererseits sind sie fasziniert davon (vgl. Zola 1964: 403, 610). Der französische Schriftsteller kennzeichnet in diesem Blick nicht nur das Kolossale und Übermächtige des Warenhauses. Er veranschaulicht auch die spezifische Schaulust am Monströsen, die permanent zwischen Affiziert- und Abgestoßensein hin- und herpendelt.

In Zolas Roman ist das Warenhaus eine kalte Maschine, die alles, was sich ihr in den Weg stellt, unaufhaltsam zermalmt. Es ist kein wildes, animalisches Monstrum oder hybrides Mischwesen. Die Verwendung der Metapher des Maschinen-Monstrums rekurriert *nicht* auf das im 19. Jahrhundert vielfach benutzte Bild der lebendigen Maschine, der eine eigene Subjektivität zugesprochen wird (vgl. Asendorf 1984: 32f.). Im Gegenteil, in Zolas Roman ist das Warenhaus eine rein auf Selbsterhaltung ausgerichtete, autopoietische Maschine, die gegen ihre Umwelt indifferent ist.

Auf diese Weise gelingt es Zola, das Monströse des Warenhauses ästhetisch zu dekontextualisieren und dem zentralen Register der Identifikation des Monströsen im 19. Jahrhundert zu entziehen. Diese Dekontextualisierung ist deswegen notwendig, weil das Warenhaus in ästhetischer Hinsicht alles andere als monströs ist. Es entspricht vielmehr den opulenten ästhetischen Normen der Belle Epoque. Indem das Warenhaus als monströse Maschine gezeigt wird, macht es Zola als ›Monstrum des modernen Kapitalismus‹ lesbar und schreibt es – entgegen der allgemeinen Tendenz – negativ in die zeitgenössische Fortschrittssemantik ein.

Eine Kernthese von David McNallys Buch über die Monstren des Kapitalismus lautet, dass der moderne Kapitalismus und die Kräfte, die er mobilisiere, im Grunde unsichtbar, das heißt nur an den Praktiken des Zugriffs und der Zurichtung der arbeitenden Körper ablesbar seien (vgl. McNally 2011). Es müssten zwangsläufig Metaphern benutzt werden, um zu veranschaulichen, was in seinen Wirkungen zwar sichtbar sei (der ›ausgebeutete‹ Körper des Arbeiters), in seinem funktionalen Kern (die ›Arbeitsweise‹ des Kapitalismus) aber unsichtbar bleibe. Mit Susanne Lüdemann lässt sich ergänzen, dass dies generell für alle Phänomene, Institutionen und Begriffe gilt, die etwas bezeichnen, was als Ganzes abstrakt oder unanschaulich ist (vgl. Lüdemann 2004: 109). Überträgt man diese Gedanken auf die Darstellung bei Zola, heißt das: Was dem modernen Warenhaus an Anschaulichkeit ermangelt, ist weniger das, was von ihm sichtbar und/oder erlebbar ist. Dies lässt sich selbstverständlich beobachten und beschreiben, und das zeigt auch Zolas Darstellung. Was man jedoch nicht sehen kann, ist das ›Zusammen‹, das heißt, das spezifische ›Mit‹ und ›Bezogen auf‹ der einzelnen Funktionen, Wirkungen und Bedeutungen, die das Warenhaus besitzt. Indem Zola die Metapher der monströsen Maschine benutzt, macht er das apersonale Regime des modernen Kapitalismus sichtbar sowie eine seiner Grundmaximen: die des schrankenlosen Wachstums. Dieser expansiven Logik des modernen Warenhauses stehen die kleinen Einzelhändler in Zolas Roman verständnislos gegenüber, da sich ihr Wirtschaften auf Bestandssicherung, Bewahrung der Tradition sowie Fortsetzung der genealogischen Linie richtet.

Die Schilderungen des Warenhaus-Monstrums in Zolas Roman gehören zu den suggestivsten Darstellungen der modernen Konsumsphäre Ende des 19. Jahrhunderts, sodass Zolas Metapher in späteren Texten immer wieder aufgenommen und variiert wird. So heißt es etwa in Margarete Böhmes Roman *W.A.G.M.U.S* (1911), dem bedeutendsten deutschen Warenhausroman vor dem Ersten Weltkrieg, das Warenhaus sei eine »unheimliche Riesenmaschine«, die »mit unerbittlicher, eiserner Konsequenz Tausende und Tausende von Existenzen« (Böhme 1911: 39) zermalme.

Monströse Dinge

1852 wird das Museum of Ornamental Art, heute Victoria and Albert Museum, in London eröffnet, das erste Industriedesignmuseum weltweit. Neben Ausstellungsstücken, welche die gestalterischen Leistungen des damaligen britischen Handwerks und der britischen Industrieproduktion exemplarisch zeigen, gibt es eine Abteilung »Decorations on False Principles«, die Beispiele für ›schlechtes‹ Design zeigt. Inoffiziell wird diese Abteilung »Chamber of Horrors« genannt. Marie-Ève Marchand hat gezeigt, dass es sich bei der inoffiziellen Bezeichnung um eine Anspielung auf den Raum gleichen Namens in Madame Tussauds Wachsfigurenkabinett handelt. In Tussauds »Chamber of Horrors« waren berühmte Kriminelle als Wachsfiguren sowie eine Reihe von Folterinstrumenten ausgestellt (vgl. Marchand 2014).

Bemerkenswert an der Analogisierung von Verbrechen und ›schlechtem‹ Design ist nicht allein die metaphorische Kriminalisierung von ›Dingen‹, sondern auch die Analogisierung von ›schlechtem‹ Geschmack und ›verbrecherischem‹ Verhalten. Im Gegensatz zur (Dauer-)Ausstellung von ›Sittenmonstern‹ in Tussauds Kabinett soll die Ausstellung monströser ›Dinge‹ im Museum nicht unterhaltendes Spektakel sein. Vielmehr sollen die abschreckenden Beispiele gemeinsam mit den Ausstellungsstücken für ›gutes‹ Design in anderen Abteilungen als Schule des ›guten‹ Geschmacks dienen.

Vermittelt über die britische *arts and crafts*-Bewegung gewinnt die Frage nach dem ›guten‹ Design um 1900 auch in Deutschland, vor allem im Dürer- und Werkbund, große Bedeutung. 1887/88 wird von Ferdinand Avenarius in dem Artikel *Nouveautés!* der im ersten Jahrgang des *Kunstwart* erscheint, die massenhafte Produktion geschmackloser Dinge als Ergebnis der häufig wechselnden Moden und der dadurch bedingten permanenten Neuerungssucht gewertet (vgl. König 2003). Dies habe wiederum den Niedergang der ästhetischen und handwerklichen Qualität von Gebrauchsgegenständen und Dekorationsartikeln zur Folge. Für Avenarius ist Geschmacklosigkeit gleichbedeutend mit einer durch den modernen Kapitalismus forcierten, an den häufigen Modewechseln ablesbaren

Kulturlosigkeit. Hierbei werden die ›Börsianer‹ als Verkörperung des modernen Kapitalismus besonders hervorgehoben: Sie besäßen ebenso viel Geld wie Geschmacklosigkeit.

1899 empfiehlt der böhmisch-deutsche Kunsthistoriker Gustav Edmund Pazaurek »die ständige Angliederung einer Folterkammer [mit geschmacklosen Dingen] an jedes Arbeitsmuseum«. Diese wäre »für jeden feinfühligen Menschen ein furchtbares Extrakabinett, in welchem dem ästhetischen Dickhäuter die [...] negativen Musterstücke, die abschreckenden Beispiele in übersichtlichen Gruppen mit den entsprechenden Erläuterungsaufschriften vorgeführt werden« (Pazaurek 1899: 402f.). Pazaurek übernimmt 1906 die Leitung des Stuttgarter Landesgewerbe-Museums und richtet dort unter dem Titel *Geschmacksverirrungen im Kunstgewerbe* tatsächlich eine solche ›Folterkammer‹ ein (vgl. Pazaurek 1919 [1909]). Diese besteht bis 1931.

1908 prägt Avenarius den höchst suggestiven Begriff »Hausgreuel«, der eine breite Rezeption erfährt. Dieser Begriff zielt ausdrücklich auf die Hervorhebung der Monstrosität von ›geschmacklosen‹ Dingen und kann als direkte Anspielung auf die Londoner »Chamber of Horrors« verstanden werden. Bei Avenarius heißt es:

> »[M]an sehe sich diese Lampen, diese Fruchtschalen und all das übrige Zeug daraufhin an, wie die Linien, wo sie nicht vor Stumpfsinn gähnen, mit einem Gestocher, Gezack und Gezappel sich manikalisch gebärden, damit man ihnen ihr Lebendigsein glaube. [...] Was so ›entworfen‹ wurde, bekamen die Maschinen in die Mache, um ein etwa doch noch übriggebliebenes Restchen Menschtum zuverlässig zu verwalzen« (Avenarius 1908: 210f.).

Avenarius brandmarkt die ›geschmacklosen‹ Dinge als krankhaft und entmenschlicht. Aus den Geschmacklosigkeiten der Gegenwart resultiere eine immer weiter um sich greifende »Misskultur« (Avenarius 1908: 211), die durch den Massenkonsum, insbesondere die zeitgenössischen Warenhäuser, gefördert werde. Besonders problematisch sei, dass man in vielen Bevölkerungsschichten angefangen habe, das Geschmacklose für schön und gut zu halten, sprich: das Monströse usurpiere das kulturell Hochstehende.

Im selben Jahr, in dem Avenarius den Begriff ›Hausgreuel‹ prägt, veröffentlicht der österreichische Architekt Adolf Loos den Essay *Ornament und Verbrechen* (1908), der die Frage nach dem ›guten‹ Geschmack ebenfalls als Problem von grundlegender kultureller Valenz identifiziert. Moderne Kultur soll laut Loos ornamentlos, das heißt funktionalistisch sein. Dieser gegenübergestellt wird die Kulturlosigkeit des Infantilen, Primitiven und Kriminellen, deren ästhetische Ausdrucksmöglichkeiten um das Ornament kreisen würden:

> »[D]er papua schlachtet seine feinde ab und verzehrt sie. Er ist kein verbrecher. Wenn aber der moderne mensch jemanden abschlachtet und verzehrt, so ist er ein verbrecher oder ein degenerierter. Der papua tätowiert seine haut, sein boot, seine ruder, kurz alles, was ihm erreichbar ist. Er ist kein verbrecher. Der moderne mensch, der sich tätowiert, ist ein verbrecher oder ein degenerierter. [...] Was aber beim papua [...] natürlich ist, ist beim modernen menschen eine degenerationserscheinung. Ich habe folgende erkenntnis gefunden und der welt geschenkt: *Evolution der kultur ist gleichbedeutend mit dem entfernen des ornamentes aus dem gebrauchsgegenstande*« (Loos 1962: 276f.; Hervorhebung d. Verf.).

Im Unterschied zur Londoner »Chamber of Horrors« oder zu Pazaureks »Folterkammer« wird bei Loos der Konnex zwischen ›schlechtem‹ Geschmack und Verbrechen anthropologisch begründet. Das Ornament wird als atavistischer Regress in der menschlichen Kulturentwicklung eingestuft. Im Hintergrund von Loos' Äußerungen stehen die zeitgenössischen kriminalanthropologischen Forschungen von Cesare Lombroso, der den Verbrecher als »atavistisches Monster« (Dornhoff 2005: 262) mittels anthropometrischer Verfahren zu bestimmen und körperliche Merkmale mit moralischen Eigenschaften zu korrelieren sucht: »Verbrechertätowierungen« spielten hierbei eine wichtige Rolle, denn sie sollten »sowohl als Zeichen der Schmerzunempfindlichkeit als auch der atavistischen Vorliebe für Körperschmuck gelesen werden« (Dornhoff 2005: 268). Zugleich implementiert Loos Versatzstücke aus zeitgenössischen sozialdarwinistischen Degenerationstheorien, welche Kultur als Ganzes von »Entartung« bedroht sahen. Die Geschmacksfrage wird bei Loos also nicht mehr ethisch fundiert und als moralisches Problem diskutiert (vgl. König 2000), sondern in einer anthropologischen Lesart naturalisiert und biologisiert. Monströs, weil ornamental, sind vergangene Kulturstufen per se; die Gegenwart ist es dann, wenn sie Atavismen ausbildet oder kultiviert. Und dies geschieht aus Sicht der damaligen Kulturkritik insbesondere in den modernen Warenhäusern, wenn dort massenhaft geschmacklose Dinge, sprich Kitsch, Tand und Pimpeleien angeboten und verkauft werden.

Monströses Verhalten. Das Konsummonster als Geschlechtsmonster

Wer von monströsen Dingen umgeben ist, sich durch monströse Orte und Ordnungen bewegt, steht in hohem Maße in Gefahr, anomale Verhaltensweisen zu entwickeln:

> »Das große Warenhaus übt [...] bei einzelnen Naturen fast die gleiche Anziehungskraft aus, wie sie die Kirche auf andere ausübt. [...] Ich kannte eine junge Frau, die sich eben von ihrer schweren Krankheit erhoben hatte, und sich von ihrer gewohnten Warenhauspilgerung nicht zurückhalten konnte und daran starb: Nicht weil sie etwas zu kaufen gehabt hätte, ging sie hin, sondern weil sie die Atmosphäre des Warenhauses und den Anblick all dieser schönen Dinge entbehrte«,

so der französische Arzt und Psychiater Paul Dubuisson (1903: 31f.). Dass die moderne Konsumsphäre eine solche »Anziehungskraft« entwickeln kann, lässt sich mit einer Reihe von Innovationen in Zusammenhang bringen, die ab Mitte des 19. Jahrhunderts vom Warenhaus in den Einzelhandel eingeführt werden. Die wichtigste Neuerung ist, dass es in Warenhäusern keine Zugangsbeschränkung mehr gibt. Im Warenhaus kann man schauen, ohne kaufen zu müssen. Demgegenüber ist man im alten Einzelhandel verpflichtet, etwas zu kaufen, wenn man bedient wurde. Die veränderten Verkaufspraktiken der Warenhäuser üben einen enormen Innovationsdruck auf den traditionellen Einzelhandel aus und führen zu einer – wie es in der konsumgeschichtlichen Forschung heißt – ›Demokratisierung des Konsums‹. Schon 1896 versucht Georges d'Avenel in *La soie* die soziologischen Folgen dieser »Demokratisierung« nachzuzeichnen. Was Frauen aus nicht-aristokratischen Schichten an hochwertigen Stoffen wie Seide interessiere, sei nicht so sehr der Stoff. Es sei vielmehr die Idee von Luxus, die sich mit dem Stoff verbinde, sowie die durch die Warenhäuser ermöglichte *imaginäre* Partizipation an Vergnügungen, zu denen sonst nur Reiche Zugang hätten (vgl. d'Avenel 1896).

Monströse Kaufwut

1909 führt Emil Kraepelin den Terminus »Oniomanie« in die medizinische Psychiatrie ein und definiert sie als »krankhafte Kauflust, die den Kranken veranlasst, sobald sich ihm dazu Gelegenheit bietet, ohne jedes wirkliche Bedürfnis in großen Mengen einzukaufen« (Kraepelin 1909 [1887]: 408f.). Die oniomanische Kaufwut besteht in instantanen Exzessen, in denen jedes ökonomische Kalkül im Begehren nach immer neuen Dingen suspendiert wird. Die Oniomanin ist einerseits eine aus dem Ruder gelaufene, weibliche »buying machine« (Felski 1995: 62). Andererseits inkarniert sie in einer konsumistischen Neufassung das Bild der klassischen Verschwenderin, die weder ein Verhältnis zum Wert der Dinge hat noch den Wert des Geldes durch Sparsamkeit zu schätzen weiß. In der Oniomanin verbinden sich verschwenderische, das heißt, der bürgerlichen Arbeits- und Leistungsethik in hohem Maße widersprechende Konsumpraktiken mit einer weiblichen Sonderanthropologie als entfesselte ›Natur‹. »Monster verleiben sich das Außen ein, um das spezifische Prozessieren / Wiederholen des eigenen Organismus aufrecht zu erhalten, daher kommt in fast allen Monsterimaginationen das Moment der Gefräßigkeit, des Verschlingens, des Aussaugens, des Kannibalischen vor«, so Johannes F. Lehmann (2009: 210) über den Verbrecher als Monster. Die Oniomanin besitzt dieselbe »Gefräßigkeit«; nur bezieht sich diese nicht auf ›Fleisch‹, sondern auf ›Dinge‹, die den Ehemann finanziell ruinieren: »Ich kannte eine Frau«, so Kraepelin (1909 [1887]: 409), »die sich aus verschiedenen Geschäften massenhaft Waren kommen ließ, um sie sofort hinter dem Rücken ihres Mannes zu Schleuderpreisen wieder zu verkaufen [...]. Obgleich sie [...] ihren Mann wirtschaftlich zugrunde richtete, war sie doch gänzlich außerstande, von ihrem Treiben zu lassen.« Aus der ›Gefräßigkeit‹ des entfesselten weiblichen Konsums resultiert das ›Siechtum‹ des männlich Produktiven. Monströs ist die Oniomanin insbesondere in der Verabsolutierung des Dingbezugs:

> »Das Innen mit seiner spezifischen Lust ist so dominant, dass jede Berücksichtigung des Außen, jede Empathie unmöglich wird. Gefühlskälte und vollständiger Mangel an Empathie, d.h. die Unfähigkeit, mit dem Außen in eine Beziehung zu treten, die nicht vollständig im Dienste der eigenen Autopoeisis steht, ist – als Seelenlosigkeit – ein Ingrediens aller Monster« (Lehmann 2009: 210).

In Eugen Bleulers *Lehrbuch der Psychiatrie* (1923 [1916]) heißt es über die Oniomanie, dass hinter ihr kein Zwang im engeren Sinne stehe. Im Gegenteil: Das Handeln der Kaufwütigen resultiere vielmehr »aus ihrer Natur heraus wie die Raupe, die Blätter frisst« (Bleuler 1923 [1916]: 412).

Kollektiver Kaufrausch: das temporäre Monströse

Was bei der Oniomanin Einzelereignis ist, gewinnt bei der Eröffnung neuer Warenhäuser oder bei Sonderverkaufstagen kollektiven Charakter. Dann werden nicht nur einzelne, sondern Hunderte von Frauen gleichzeitig in einen sich epidemisch ausbreitenden, kollektiven Kaufrausch versetzt. Schon in *Harper's Weekly* vom 31. Oktober 1857 berichtet ein männlicher Beobachter über den Massenandrang von Frauen während eines »bargainsale« im New Yorker Warenhaus A. T. Stewart: »The shopping mania is a disease peculiar to young women [...]. It is a species of absorbing insanity [...]. I advise every man to see his wife at a dry-goods store before he marries her« (*Harper's Weekly* 1857: 690). Ein deutscher Beobachter beschreibt den kollektiven Kaufrausch folgendermaßen:

> »Einmal inmitten dieses Getümmels und berauscht von der Großartigkeit und dem überall herrschenden Warenüberfluß, erfasst die Menge ein förmlicher toller Sinnentaumel, wie mit hypnotischer Gewalt zieht es die auch innerlich Widerstrebenden an die Verkaufstische« (Nickel 1903: 559).

Im Gegensatz zu den Handlungen der Oniomanin ist der kollektive Kaufrausch nur eine temporäre Erscheinung: ein Spezialfall spontaner kollektiver weiblicher Devianz. Mag die Frau als Einzelwesen, zumal unter der Kontrolle des Mannes, ›normal‹ wirken – sobald sie im Warenhaus in der ›Masse‹ auftritt, überkommt sie nolens volens das »Kauffieber«, das sie »wütend, lüstern und sinnlos« macht (Saudek 1907: 328). Was die einzelne Frau vielleicht noch verbergen kann, äußert sich in der forcierten Zusammenballung weiblicher Energien in der modernen Konsumsphäre als bloße, zerstörerische ›Natur‹, die sich wiederum gegen das produktive Männliche richtet: »Ja, hier war der Ort für grausame Verschwörungen gegen die Magen [sic] und Kassen der Männer« (Siwertz 1928: 79). Im Unterschied zur krankhaften Oniomanie verschwindet der kollektive Kaufrausch am Abend nach dem Sonderverkauf, da er nur unter bestimmten Bedingungen ausgelöst wird: bei der Zusammenführung vieler Frauen an einem Ort mit verlockenden Kaufanreizen – dem Warenhaus.

Was sich im ›Innern‹ der Frau abspielt, wenn sie die moderne Konsumsphäre betritt, beschäftigt die zeitgenössische medizinisch-psychiatrische Literatur ebenfalls intensiv. Schon 1880 weist Charles Lasègue darauf hin, dass die Atmosphäre im Warenhaus eine besondere Wirkung auf Frauen habe, sodass manche von ihnen sogar zum Diebstahl verführt würden.[1] Bei Dubuisson heißt es dann in *Les voleuses de grands magasins* (1902):

> »Es ist unmöglich, einige Stunden in einem dieser ungeheuren Etablissements [établissements monstrueux] zu verbringen, ohne – und wäre man von der besten Konstitution der Welt – dabei ein ganz besonderes Gefühl der Entnervung und physischer Ermüdung

1 »Tout [im Warenhaus] est prévu, organisé, étalé aux regards en vue de provoquer une attraction. Nous cédons plus ou moins à cette influence, qu'il s'agisse d'effets de toilette, d'œuvres d'art ou même d'objets de plus humble consommation, et nous savons par expérience qu'il faut un certain effort pour résister à des entraînements si habilement calculés. On comprend qu'étant données ces incitations, les faibles succombent et que leurs défaillances soient non pas excusées, mais motivées« (Lasègue 1880: 160).

und Betäubung zu empfinden. Das Gesicht, das Gefühl, der Geruch, unsere feinsten Sinne, ermüden rasch inmitten dieser wimmelnden, lärmenden, riechenden Menge [...]. Wenn dies nun schon beim Mann eintritt, wie muss dies erst auf die Frau und ganz besonders auf die kranke Frau wirken?« (Dubuisson 1903: 152).

Das weibliche Konsummonster ist gleichzeitig ein willenloser ›Konsumzombie‹. Mit dem ebenso ehrgeizigen wie skrupellosen Warenhausbesitzer Octave Mouret erschafft Zola in *Au Bonheur des Dames* eine Figur, der es gelingt, diese Konsumzombies zu steuern, sprich ihre ›Erregung‹ und ›Benebelung‹ in klingende Münze zu verwandeln. Mouret nutzt die geschlechterdifferenziell begründete feminine Defizienz ökonomisch aus. Und auch er ist –aus Sicht des Erzählers im Roman – ein Monstrum. Dazu passt, dass die konsumistische Überwältigung der Frau durch Mouret, passend zur Metapher des Warenhauses als Maschinen-Monstrum, im kannibalistisch-technizistischen Bild einer »mécanique à manger les femmes« (Zola 1964: 461) veranschaulicht wird.

Monströse Stehlsucht

Schon einige Jahre bevor Kraepelin die Oniomanie als eigenes Krankheitsbild fasst, weist er in der 6. Auflage seines *Psychiatrie*-Lehrbuchs von 1899 auf die Verwandtschaft von Oniomanie und Kleptomanie hin:

»In anderen Fällen [von Kleptomanie] richtet sich die Begierde des Einzelnen gerade auf eine ganz bestimmte Art von Dingen, die ohne erkennbaren Zweck in grossen Mengen zusammengestohlen werden [...]. Wie es scheint, ist diesen Neigungen die krankhafte Kauflust und Sammelwuth nahe verwandt, die sich nicht selten auf ganz werthlose Dinge erstreckt« (Kraepelin 1899 [1887]: 557).

Die Beschreibung Kraepelins ist nur eine von vielen, die seit mehr als einhundertfünfzig Jahren zu erklären versuchen, was Kleptomanie ist. Mehr noch als die Oniomanie scheint die Kleptomanie eine Krankheit zu sein, deren Ursachen man trotz umfangreicher Forschung nicht zu fassen bekommt (vgl. Fullerton/Punj 2004). Weil die Stehlsucht nicht nur die Sphäre des Medizinischen, sondern auch die der Rechtsprechung betrifft, führt sie ein fundamentales diagnostisches Problem mit, denn die krankhafte Neigung zum Diebstahl wird offenbar nicht von Geistesschwäche (»aliénation mentale«) begleitet (vgl. Matthey 1816: 135). Das heißt, in der Kleptomanie wird nicht nur die Grenze zwischen Gesundheit und Krankheit fließend. Es stellt sich zugleich die Frage, wie die *generelle* Vernünftigkeit des Stehlsüchtigen mit der unvernünftigen Handlung des Stehlens verrechenbar ist. Wenn die Kleptomanie eine Krankheit *ohne* Geistesschwäche ist, müssen andere Kriterien gefunden werden, die es möglich machen, einen echten von einem simulierten Stehlzwang zu unterscheiden, da dies darüber entscheidet, ob ein Diebstahl der juristischen Ahndung zugänglich ist oder nicht.

Gaëtan Gatian de Clérambault, von 1905 bis 1934 als psychiatrischer Gutachter am Spezialasyl der Polizeipräfektur in Paris tätig, spricht diese Problematik offen an, wenn er in *Passion érotique des étoffes chez la femme* (1908/10) von einem Fall erotischer Stoffleidenschaft in Kombination mit kleptomanem Verhalten berichtet. Die Fragen, die sich ihm bei der Analyse des Falls stellen, sind: In welcher Hinsicht ist der Patient tatsächlich krank? Was ist bloß angelesenes Wissen, welches der simulativen Inszenierung von Krankheit dient? Was ist der Suggestion durch den Psychiater selbst geschuldet? Dieser steht vor der komplexen Aufgabe, die genannten Aspekte mit einem hermeneutischen Verfahren zu diskriminieren. Im Unterschied zu anderen psychischen Krankheiten, die in der Regel am Körper oder am Geisteszustand des Patienten ablesbare Symptome aufweisen, ist die Kleptomanie psychosomatisch unauffällig. Deswegen muss der Psychiater der vom Patienten berichteten Geschichte ablauschen, worüber dessen Körper oder Geist schweigt. Nur so ist es möglich, die Schuldfähigkeit des Patienten einzuschätzen, also zwischen Wahrheit und Lüge, Zwang oder Simulation zu unterscheiden.

Im Gegensatz zur Oniomanie werden Kleptomanie-Diagnosen oft von den Patienten selbst gestellt, und zwar dann, wenn sie beim Stehlen ertappt werden. Zwar schreibt sich die Kleptomanin, die simuliert, mit der Selbstbezichtigung in den zeitgenössischen, männlich dominierten, medizinisch-juristischen Diskurs ein und akzeptiert dessen Definitionsmacht. Zugleich aber schützt sie sich auch vor juristischer Sanktion. Es kommt zu einer Rückkopplung zwischen Zeichen und bezeichneten Gegebenheiten. Im Fall der simulierten Kleptomanie sind die Zeichen, hier des medizinisch-psychiatrischen Diskurses, nicht nur sozial wirksam. Es wird auch ihre bezeichnende Funktion subvertiert. Die Selbstbezichtigungen lassen sich also als mikropolitische Strategien interpretieren, um *gegen* die Definitionsmacht des medizinisch-psychiatrischen Diskurses zu opponieren, und zwar paradoxerweise, indem dessen Definitionsmacht akzeptiert wird.

In diesem Sinne lassen sich die Selbstbezichtigungen als »Strategien des Widerstandes« deuten, »deren subversive Kraft [...] nicht mehr einer Normverletzung, sondern eher einer Übererfüllung von Normen entstammt« (Honegger/Heintz 1981: 9), und dies nicht zuletzt mit Blick auf den »Leistungsdruck« (Budde 1997: 439), unter dem bürgerliche Frauen mit ihren vielfältigen Aufgaben um 1900 stehen. Vor diesem Hintergrund kann die simulierte Kleptomanie in eine Linie mit der Hysterie gestellt werden, mit deren Hilfe sich Frauen »unter der Obhut des Arztes und geschützt durch seine Diagnose [...] familiären Anforderungen [...] zu entziehen« (Honegger/Heintz 1981: 25) vermochten.

Die Kleptomanin, die simuliert, macht sich selbst zum Konsummonster, indem sie strategisch den mit der modernen Konsumsphäre verbundenen Zuschreibungskomplex des Monströsen nutzt. Sie denormalisiert sich mit Blick auf das juristisch-medizinische Dispositiv männlicher Rationalität, um mit Blick auf die weibliche Sonderanthropologie normal zu erscheinen. Auf die simulierte Kleptomanie lässt sich übertragen, was für die Hysterie festgestellt wurde:

> »Trotz ihres Unmuts waren die Ärzte die heimlichen Fluchthelfer der hysterischen Frau. In Schriften und Vorträgen beschrieben sie wirklichkeitsnah und imitierbar die Symptome, derer sich die Hysteriker im geeigneten Moment zu bedienen wußten [...]. Mit der Diagnose Hysterie wurde Auflehnung in Krankheit, ›Badness in Sickness‹ verwandelt« (Honegger/Heintz 1981: 43),

und – so muss man ergänzen – Monstrosität in Normalität.

Fazit

Die wissenschaftliche Literatur über Monster bezieht sich in der Regel auf das beobachtbare Monströse, sei es visuell sichtbar als körperliche Deformation oder sei es am Verhalten eines – zumindest *prima vista* nicht monströs erscheinenden – Menschen ablesbar. Die Oniomanin und die Kleptomanin lassen sich auf dieses ›klassische‹ Paradigma des Monströsen beziehen, auch wenn ihre Monstrosität nur temporär und ortsgebunden auftritt bzw. wahrnehmbar wird. Bei allen anderen Zuschreibungen des Monströsen in Bezug auf die moderne Konsumsphäre handelt es sich um Übertragungen eines teratologisch und/oder medizinisch-psychiatrisch Monströsen auf Bereiche, die man mit ihm vorderhand nicht in Zusammenhang bringen würde. Dass hinsichtlich der modernen Konsumsphäre, aber auch in anderen Bereichen der damaligen Beschreibung und Deutung des modernen Kapitalismus das Monströse als Metapher mit hoher Frequenz eingesetzt wird, hängt meines Erachtens unmittelbar mit der naturwissenschaftlichen Normalisierung des Monströsen im 19. Jahrhundert zusammen. Wie Georges Canguilhem gezeigt hat, wird das Monströse im Zuge seiner naturwissenschaftlichen Erforschung objektiviert. Es wird zum »Werkzeug der Wissenschaft« (Canguilhem 2009 [1965]: 324): Man systematisiert es und stellt es in entwicklungsgeschichtliche Reihen, sodass es »in der stetigen Wiederholung wissenschaftlicher Beschreibungen seine spektakuläre Funktion« (Stammberger 2011: 235) verliert. Die naturwissenschaftliche Einhegung des Monströsen setzt – so meine These – einen Prozess der Metaphorisierung in Gang, der das Körpermonster und/oder Sittenmonster als Metapher in ganz anderen Sphären bzw. Diskursen erscheinen lässt. Da die Modernisierungsprozesse, die mit der Etablierung der modernen Konsumsphäre Ende des 19. Jahrhunderts in augenfälliger Weise sicht- und erfahrbar werden (vgl. Lindemann 2015), vielfach als krisenhaft, mindestens aber ambivalent empfunden werden und das Monströse in ökonomischen Umbruchssituationen oftmals besondere Konjunktur hat (vgl. McNally 2011), ist es nicht verwunderlich, dass das Warenhaus, die Konsumsphäre, ja konsumierende Frauen selbst zu dieser Zeit als monströs qualifiziert werden. Im Zuge dessen wird das Monströse nicht nur aus seiner naturwissenschaftlich-medizinischen Kontextualisierung, sondern auch aus der Dichotomie von ›normal‹ und ›anomal‹ erneut herausgelöst. Während das Monströse im Rahmen der Humanwissenschaften um 1900 »normalisiert« wird, indem es unter die Kategorie des Anomalen subsumiert wird (vgl. Foucault 2007 [1975]), erscheint es im Kontext der ideologischen und politischen Indienstnahme als *das Andere* schlechthin: als Ausdruck und *Form* inkommensurabler Alterität jenseits des Normalen und Anomalen. Im Rahmen dieser metaphorischen Dekontextualisierung wird das Monströse auch für eine ›Politik des Monströsen‹ nutzbar. Mit Blick auf die moderne Konsumsphäre legt hiervon die antisemitische Diffamierung von jüdischen Warenhausbesitzern mittels Figuren forcierter Monstrosität beredt Zeugnis ab: Diese Spur zu verfolgen, muss jedoch einer weiteren, bereits in Vorbereitung befindlichen Studie des Verfassers vorbehalten bleiben (erste Hinweise in Lerner 2015: 46ff.; Lindemann 2015: 184ff.).

Literatur

ASENDORF, Christoph (1984): *Batterien der Lebenskraft. Zur Geschichte der Dinge und ihrer Wahrnehmung im 19. Jahrhundert*, Gießen: Anabas.

AVENARIUS, Ferdinand (1908): »Hausgreuel«. In: *Kunstwart* 22: 4, 209-213.

AVENARIUS, Ferdinand (1888): »Nouveautés!«. In: *Kunstwart* 1: 7, 73-75.

AVENEL, Georges d' (1896): »Le mécanisme de la vie moderne. 10. La soie«. In: *Revue des deux mondes* 138, 790-820.

BLEULER, Eugen (1923 [1916]): *Lehrbuch der Psychiatrie*, 4. Aufl., Berlin: Springer.

BÖHME, Margarete (1911): *W. A. G. M. U. S.*, Berlin: Fontane.

BUDDE, Gunilla (1997): »Des Haushalts ›schönster Schmuck‹. Die Hausfrau als Konsumexpertin des deutschen und englischen Bürgertums im 19. und frühen 20. Jahrhundert«. In: *Europäische Konsumgeschichte. Zur Gesellschafts- und Kulturgeschichte des Konsums (18. bis 20. Jahrhundert)*, hg. v. Hannes Siegrist/Hartmut Kaelble/Jürgen Kocka, Frankfurt/Main, New York: Campus, 411-440.

CANGUILHEM, Georges (2009 [1965]): *Die Erkenntnis des Lebens*, Berlin: August.

CLÉRAMBAULT, Gaëtan Gatian de (2002): *Passion érotique des étoffes chez la femme*, Paris: Les Empêcheurs de penser en round.

DORNHOF, Dorothea (2005): *Orte des Wissens im Verborgenen. Kulturhistorische Studien zu Herrschaftsbereichen des Dämonischen*, Königstein/Taunus: Helmer.

DUBUISSON, Paul (1903): *Die Warenhausdiebinnen*, übers. v. Alfred Fried, Leipzig: Seemann.

FELSKI, Rita (1995): *The Gender of Modernity*, Cambridge/Mass., London: Harvard University Press.

FOUCAULT, Michel (2007 [1975]): *Die Anomalen. Vorlesungen am Collège de France (1974-1975)*, Frankfurt/Main: Suhrkamp.

FULLERTON, Roland A./PUNJ, Girish N. (2004): »Shoplifting as Moral Insanity. Historical Perspectives on Kleptomania«. In: *Journal of Macromarketing* 24: 8, 8-16.

HARPER'S WEEKLY (1857): »An Afternoon among the dry goods«. In: *Harper's Weekly* 44, 689-690.

HONEGGER, Claudia/HEINTZ, Bettina (1981): »Zum Strukturwandel weiblicher Widerstandsformen im 19. Jahrhundert«. In: *Listen der Ohnmacht. Zur Sozialgeschichte weiblicher Widerstandsformen*, hg. v. Claudia Honegger/Bettina Heintz, Frankfurt/Main: Europäische Verlagsanstalt, 7-68.

KÖNIG, Gudrun M. (2000): »Zum Warenhausdiebstahl um 1900. Über juristische Definitionen, medizinische Interpretamente und die Geschlechterforschung«. In: *Geschlecht und materielle Kultur. Frauen-Sachen, Männer-Sachen, Sach-Kulturen*, hg. v. Gabriele Mentges, Münster, New York: Waxmann, 49-66.

KÖNIG, Gudrun M. (2003): »Neuheiten, Novitäten, Nouveautés. Zur konsumkulturellen Ordnung der Dinge um 1900«. In: *Komplexe Welt. Kulturelle Ordnungssysteme als Orientierung*, hg. v. Silke Göttsch/Christel Köhle-Hezinger, Münster, New York: Waxmann, 343-353.

KRAEPELIN, Emil (1899 [1887]): *Psychiatrie. Ein Lehrbuch für Studirende und Aerzte*, Bd. 2: Klinische Psychiatrie, 6. Aufl., Leipzig: Barth.

KRAEPELIN, Emil (1909, veröffentl. 1910 [1887]): *Psychiatrie. Ein Lehrbuch für Studierende und Ärzte*, Bd. 2, 8. Aufl., Leipzig: Barth.

LASÈGUE, Charles (1880): »Vol aux étalages«. In: *Archives générales de médecine* 145 (XIIe série, vol. 5), 158-170.

LEHMANN, Johannes F. (2009): »Der Verbrecher als Monster? oder: Warum Menschen Monster brauchen, Monster aber nicht«. In: *Monster. Zur ästhetischen Verfassung eines Grenzbewohners*, hg. von Roland Borgards/Christiane Holm/Günter Oesterle, Würzburg: Königshausen & Neumann, 191-218.

LERNER, Paul (2015): *The Consuming Temple: Jews, Department Stores, and the Consumer Revolution in Germany, 1880–1940*, Ithaca: Cornell University Press.

LINDEMANN, UWE (2015): *Das Warenhaus. Schauplatz der Moderne*. Köln, Weimar, Wien: Böhlau.

LINK, Jürgen (2009): *Versuch über den Normalismus: Wie Normalität produziert wird*, 4. Aufl., Göttingen: Vandenhoeck & Ruprecht.

LOOS, Adolf (1962 [1908]): »Ornament und Verbrechen«. In: Ders.: *Sämtliche Schriften in zwei Bänden*, hg. v. Franz Glück, Bd. 1, Wien, München: Herold, 276-288.

LÜDEMANN, Susanne (2004): *Metaphern der Gesellschaft. Studien zum soziologischen und politischen Imaginären*, München: Fink.

MARCHAND, Marie-Ève (2014): »L'impossible ›chambre des horreurs‹ du Museum of Ornamental Art: une archéologie du design criminel«. In: *Revue d'art canadienne/Canadian Art Review* 39: 1, 40-51.

MATTHEY, André (1816): *Nouvelles recherches sur les maladies de l'esprit précédées considérations sur les difficultés de l'art de guérir*, Paris: Paschoud.

MCNALLY, David (2011): *Monsters of the Market: Zombies, Vampires and Global Capitalism*, Leiden: Brill.

NICKEL, Ernst Hermann (1903): »Die Warenhäuser als Zerstörer des Familienlebens«. In: *Deutsch Soziale Blätter* 18, Nr. 797, 559-560.

NORD, Philip G. (1986): *Paris Shopkeepers and the Politics of Resentment*, Princeton: Princeton University Press.

PAZAUREK, Gustav Edmund (1899): »Musterstücke in Kunstgewerbe-Museen«. In: Der Kunstwart 2: 12, 412-417.

PAZAUREK, Gustav Edmund (1919 [1909]): *Geschmacksverirrungen im Kunstgewerbe. Führer dieser Abteilung im Landes-Gewerbe-Museum Stuttgart*, 3. Aufl., Stuttgart: Landes-Gewerbe-Museum Stuttgart.

SAUDEK, Robert (1907): *Dämon Berlin*, o.O., o.J.

SIWERTZ, Sigfrid (1928): *Das große Warenhaus*, übers. v. Alfons Fedor Cohn, Lübeck: Quitzow.

SPIEKERMANN, Uwe (1994): *Warenhaussteuer in Deutschland. Mittelstandsbewegung, Kapitalismus und Rechtsstaat im späten Kaiserreich*, Frankfurt/Main u.a.: Lang.

STAMMBERGER, Birgit (2011): *Monster und Freaks. Eine Wissensgeschichte außergewöhnlicher Körper im 19. Jahrhundert*, Bielefeld: transcript.

ZOLA, Émile (1964 [1871-1893]): *Les Rougon-Macquart. Histoire naturelle et sociale d'une famille sous le second Empire*, Édition intégrale publiée sous la direction d'Armand Lanoux. Études, notes et variantes par Henri Mitterand, Bd. 3, Paris: Gallimard.

Monströse Mutterschaft. Theoretische Überlegungen zur Figuration eines Konzepts

Patricia A. Gwozdz

Monster & Mütter figurieren

Figures[1] von Monstern und Müttern haben in der Kultur- und Wissensgeschichte weiblicher Körper unterschiedliche Wandlungen erfahren, die sich insbesondere zwischen biologischen und ökonomischen Diskursen konturiert haben.[2] Indem ich im Folgenden den Begriff der ›Gebär-Mutter‹ verwende, möchte ich auf diese semantische Differenz hinweisen, die zugleich eine Brücke zwischen zwei unterschiedlichen Konzepten schlägt: Die ›Gebär-Mutter‹ bezeichnet einerseits das biologische Organ des weiblichen Körpers als Gebärmutter und bindet den Begriff damit zurück an Disziplinen, die sie als epistemisches Objekt produzieren (biologische und medizinische Subdisziplinen wie die Embryologie und Gynäkologie). Andererseits verweist die typographische Trennung auch auf die sozio-kulturell konstruierte und kodierte Figur der Mutter.[3] Die Trennung,

1 Ich lehne mich hier an die Begriffsdefinitionen von Donna Haraway und Rosi Braidotti an. Unter »figures« versteht Haraway – einer Definition des 18. Jahrhunderts zufolge – »contact zones« im Sinne von »flesh of mortal world-making entanglements«, die sich in die Körpergeschichte der Subjekte einschreiben und ihre weitere Entwicklung bedingen. Sie weisen über die bloße Repräsentation oder didaktische Illustration hinaus, sie sind nicht im Foucaultschen Sinne diskursiv bestimmt oder formiert, sondern materielle Zeichensysteme, Knotenpunkte, Verschränkungen, Hinweise, »in which diverse bodies and meanings coshape one another. For me, figures have always been where the biological and literary or artistic come together with all the force of lived reality« (Haraway 2008: 4).

2 Die begriffliche Verbindung Monster/Mütter verwendet bereits Rosi Braidotti in Anlehnung an Haraways Konzept der »figurations« (Braidotti 1994: 75). Sie verfolgt eine Figuration der begrifflichen Konjunktion »Mothers, Monsters and Machines« aus der Position der feministischen Theoriebildung im Kontext einer »new figuration of feminist subjectivity« (76). Die von ihr erörterten historischen Konjunktionen »Woman/Mother as Monster« liefern wichtige Impulse für das Weiterdenken der Konzepte der monströsen Mutterschaft bzw. der ›Gebär-Mütter‹, die hier berücksichtigt werden sollen.

3 Vgl. Vinken 2001. Barbara Vinken argumentiert insbesondere mit der gesellschaftlichen und politischen Basis der ›Mutter‹ im Kontext einer Idealisierung und Hypostasierung

urn:nbn:de:hbz:6:3-zfk-2017-20593

aber auch Verbindung dieser sich wechselseitig bedingenden Begriffe soll die semantische Polyvalenz ins Bewusstsein der kulturhistorischen Figuration (*figure*) monströser Mutterschaften rücken, denn ein wesentlicher gemeinsamer Aspekt von Monstern und Müttern ist das Zeichen der Abweichung und des Anderen (Braidotti 1994: 81).[4] Wie Braidotti theoretisch formuliert, sei der Körper der Mutter keine stabile Entität, sondern Überschreitung, Übergang, Verwandlung: ein heiliger/reiner und auch ein schmutziger/unreiner Ort, wo Leben und Tod eng miteinander verknüpft sind.[5] Die Begriffe seien ›isomorph‹ und transzendierten jeweils die Bedeutung von Normen. Als »monstrous by displacement« bezeichnet sie daher jene semantische Um-Ordnung, die sich innerhalb der Diskursgeschichte als ein »konstanter Prozess der Metaphorisierung« des ›Anderen-Als‹ manifestiere (83). Der Begriff ›Frau‹ enthalte daher eine Anomalie, die aufgrund ihrer Abweichung gerade die Positivität der Norm bestätige, ohne selbst positiv definiert werden zu können. Mit anderen Worten: *Monströse Mutterschaften* können an dieser Stelle nur als Ort einer Transformation gedacht werden, als eine Form der Trägerschaft von Zeichen, die in einem Prozess der Übertragung, der Abweichung und Verschiebung sich ständig neu kon*figurieren*.

Wie Rasmus Overthun bereits ausgehend von Michel Foucault und Michael Toggweiler festgehalten hat, lässt sich das Monströse ebenfalls nur *ex negativo*, »nämlich spezifisch als Phänomen der Alterität und Differenz ohne notwendige ›positive‹ Wesensmerkmale fassen« (Overthun 2009: 47). Schon in seiner etymologischen Bedeutung verweise das

des Mutter-Begriffs im Nationalsozialismus, wobei sie die historische Linie von Luther über Rousseau und Pestalozzi zur Königin Luise konturiert. Besonders wichtig ist hier die Unterscheidung zwischen »geistlicher Mütterlichkeit«, die im historischen Kontext des Christentums und der Reformation gleichbedeutend war mit »vollkommener Caritas«, und »physischer Mutterschaft«, die zugleich als »Manifestation der Erbsünde« das »Verführerisch-Süße« mit der »leidvollen und abstoßenden Last« (Vinken 2001: 110f.) verband. Der Sieg der geistlichen Mütterlichkeit über die physische zeige sich besonders dann, wenn man als Mutter aus der Liebe zum Kind ein wahrlich geistiges Kind hervorbrachte, d.h. wenn man die Liebe zum Kind um seiner selbst willen in eine Liebe und Sorge um die geistige Zukunft des Kindes verwandelte. Als frühchristliches Beispiel führt Vinken die Mutter des Augustinus ›Monika‹ an, die ›fleischliche Familienbande‹ in ›Seelenbande‹ transformiert. Als Inbegriff dieser Verbindung gilt nach wie vor ›Maria‹ als Mutter Gottes, die in der gesamten christlichen Ikonographie physische Symbolik mit geistlicher kreuzt (vgl. 112f.).

4 Vgl. auch Dornhof 2005, insbesondere Kapitel 3 »Dämonen der Moderne im Wissensfeld der Übertretung« (253–289). Dornhof diskutiert dort vor allem die kriminalanthropologischen Ansätze des Verbrechers/der Verbrecherin bei Lombroso. In Kapitel 3.2 (290–323) fokussiert sie auf die Verbindung des Weiblich-Dämonischen bei der Diskursivierung von Sexualverbrechen, wobei sie sich hier auf die Zeit um 1900 konzentriert. In dem medizinischen sowie juristisch-psychiatrischen Diskurs kehre das Dämonische als das sich Entziehende wieder und führe so zur Umcodierung der ›femme fatale‹ und ›femme fragile‹ in eine pathogene und kriminelle Weiblichkeit. Der weibliche Körper erscheine so als ›deviant‹ und Weiblichkeit per se schon als ›Perversion‹ (293).

5 Zur geistlichen Transformation der physischen Mutterschaft im Humanismus und während der Reformationszeit vgl. Vinken 2001: 118f. Schon bei Luther gab es das Problem, die Sexualität der Frau zu vergeistigen, damit die »natürliche Geilheit in der Ehe« im Zaum gehalten wird und sich die »fleischliche Lust« in eine sorgende und nährende Funktion der Mutter verwandelt.

Monströse als »Warn- oder Wunder-Zeichen« auf eine sichtbare körperliche Abweichung von einer Gattung oder Art, die sich auch zu einem »semantisch überdeterminierten Zeichen« entwickeln könne bis hin zu einer Vorausdeutung oder Ankündigung zukünftiger Ereignisse (49). Monster bergen demnach »semiotische Energien«, die sich unterschiedlich manifestieren können. Daher sei das Monströse schlechthin »paradox« und »liminal« (50). Overthun unterscheidet hierbei vier verschiedene Typen des Monströsen: das Körpermonster, das Sittenmonster, das Subjektmonster als »das andere Ich« und schließlich die »monströsen An-Ordnungen« (67). Diese Typologie kann hierbei als »metaphorische Übertragung[] der Semantik des Monströsen« gedacht werden, »die vom monströsen Körper und dessen Attributen der Hybridität, Unförmigkeit und Dysfunktionalität ihren Ausgang« (68) nimmt und auf andere theoretische Konzepte angewendet wird (Sitten, Subjekt, Ich). Betrachtet man nun rückwirkend nochmals die begrifflichen Konjunktionen von Braidotti, wird deutlich, dass *woman/mother/monster* gleich mit allen vier Typen des Monströsen interagiert. Die Frau/Mutter kann Körpermonster gebären, ihre Kinder können Sittenmonster werden oder sie selbst wird eines, gleichzeitig kann sie als schwangere Frau zum Subjektmonster, zum anderen Ich werden, und in ihrem Körper werden ›An-Ordnungen‹ und ›Um-Ordnungen‹ vorgenommen, die schließlich nicht nur metaphorisch verstanden werden können, sondern ganz materieller Art sind. Denn eine schwangere Frau ist ein Körper im Körper, eine *mise en abyme*, die über genetische und epigenetische Filter die ›Text-Bausteine‹ des Lebens so umordnet, dass ein neuer Körper entsteht.

Im Folgenden soll anhand einer Skizze von einigen Figurationen monströser Mutterschaft seit dem 19. Jahrhundert die Genese und Überlappung der Begriffe und Typen bis zur aktuellen *regretting motherhood*-Debatte verfolgt werden, wobei ich mich auf die Codierung des Weiblichen in populärmedizinischen Schriften und auf die ökonomische und sozialistische Argumentation von Karl Marx und August Bebel konzentrieren werde, deren Metaphorologie entscheidend dazu beiträgt, folgende Hypothese zu verhandeln: Die ›Gebär-Mutter‹ wird solange feministische und/oder nichtfeministische Konstruktionen und Dekonstruktionen bestimmen und politisch wie wissenschaftlich instrumentalisiert werden, bis die Einsicht erlangt wird, dass der einzige Weg einer wirklichen – nicht bloß diskursiven – Befreiung der Mutterschaft (geistig wie physisch, biologisch wie gesellschaftlich) nur darin bestehen kann, sie von der evolutionsbiologischen und -psychologischen Codierung zu lösen. Durch die biotechnologische Exterritorialisierung des weiblichen Organs in eine Matrix der Gebärmütter (gleichsam eine *Matrix von Matrizen*) könnte eine solche Ablösung bewerkstelligt werden. Dies soll weniger mit einer glorifizierenden Bejahung dystopischer, neo-vitalistischer Visionen von *science fiction*-Filmen oder Literatur (*The Matrix*, *The Handmaid's Tale*) einhergehen, als vielmehr mit einem Durcharbeiten all jener fiktional ausgestalteten Denkräume, die als realisierbare Lebensräume in Frage kommen könnten, weil sie vor allem eins vor Augen führen: Die ›Gebär-Mutter‹ als sozio-biologische Trägerschaft ist und war noch nie ein Eigentum der Frau. *Es* war immer schon ein Charakteristikum der Gattung Mensch, nicht jedoch des Individuums Frau. All dies zeigt bereits die Geschichte des Feminismus und die Theoriebildung innerhalb der Gender Studies. Man könnte jedoch noch pointierter formulieren: Nur eine technische

Befreiung von der Gebärmutter kann eine wahrhafte Befreiung der Frau von ihrer Geschichte als ›Gebär-Mutter‹ bewirken.

Monströse Mutterschaft: ›Anomalie‹ oder ›Abnormität‹?

Wenn man von monströser Mutterschaft spricht, dann erschließt sich aus dieser Begriffsverbindung noch nicht, ob es sich um ein Körper-, Sitten- oder Subjektmonster handelt. Unklar bleibt auch, ob es sich um eine Abweichung von einer Norm handelt, wie es Braidotti beschreibt, oder um eine bloße Anomalie. Braidotti verwendet den Begriff der Anomalie in Bezug auf einen Normverstoß. Wenn sie in ihren Ausführungen in einigen indirekten Zitaten auf Georges Canguilhem verweist, dann wird jedoch ersichtlich, dass sie sich aus dem Fundus seiner Terminologie bedient und damit gleichzeitig jenen Fehler begeht, vor dem der französische Mediziner und Wissenschaftshistoriker gewarnt hat: Ihm zufolge bilden ›Anomalie‹ und ›anormal‹ keine semantische Kongruenz (Canguilhem 1974: 86ff.). Die semantische Unschärfe rühre daher, dass *omalos* (alles, was gleichmäßig, glatt, eben ist) und *nomos* (Gesetz, Regel, Norm) miteinander vermengt werden und dadurch aus *an-omalos*, also der Unebenheit/Ungleichheit ein *a-nomos* wird, ein Begriff der nicht deskriptiv einen bestimmten Zustand meint, sondern als normativer Ausdruck die Abweichung als Normverstoß wertet. So lasse sich bereits bei Geoffroy Saint-Hilaire eine graduelle Abstufung der Anomalie, die nicht mit der ›Monströsität‹ gleichzusetzen sei, auffinden. Dieser Begriff befindet sich auf der Spannbreite der Anomalien am äußersten Pol, denn er bezeichnet derartig schwerwiegende Abweichungen, die es für das Lebewesen unmöglich machen, seine regulären Funktionen auszuüben. ›Monströse Anomalien‹ (im Gegensatz zu ›Abarten‹, ›Mißbildungen‹ und ›Heterotaxien‹) zeichnen sich demnach durch einen erheblichen Funktionsverlust bestimmter Organe aus, die ein Leben bzw. Überleben des Organismus stark beeinträchtigen bzw. unmöglich machen. Alles, was die Funktion bzw. die Ausübung eines Organs hindert oder stört, wird dann als ›gefährliche Anomalie‹ eingestuft (physiologisch wie auch psychologisch). Das bedeutet jedoch gleichzeitig für den Wissenschaftler, dass, wenn eine Anomalie keine funktionalen Auswirkungen hat, sie auch nicht als Anomalie in den Wortschatz des Forschers treten kann. Die Anomalie bleibt ›wortlos‹, eine »indifferente *Abart*« oder »Variation über ein artspezifisches Thema«, ein »besonderes Kapitel der Naturgeschichte« (Canguilhem 1974: 89). Nur die normative Abweichung, die pathologisch gewordene Anomalie, erregt wissenschaftliches Interesse. Die Anomalie als ›individuelle Abweichung‹ produziert die Verschiedenheit der Lebewesen und verhindert die Substitution zweier Lebewesen: Sie produziert die Diversifikation des Lebendigen. Wohingegen das ›Anormale‹ das ›Pathologische‹ ist, weil es das Gefühl des Leidens, der Ohnmacht und des beeinträchtigten Lebens mit sich führt.

Entscheidend an dieser Ausdifferenzierung der Begriffe ist die von Canguilhem eingeführte Definition des ›Normalen‹ als das ›Normative‹, das er als eine elastische Kraft der Normsetzung in unterschiedlichen Umweltkontexten eines Organismus bezeichnet (Canguilhem 1974: 134). Als adaptive Kraft kann sich das Normative im Laufe eines Lebens verbrauchen und an Elastizität verlieren. Ein pathologischer Zustand ist damit nicht das vollständig Andere der Norm. Er ist immer noch ›normativ‹, allerdings nur unter bestimmten Lebensbedingungen des Individuums, das heißt das ›Pathologische‹, die ›monströse Anomalie‹, setzt die Normativität des Organismus nicht außer Kraft, sondern reduziert nur seinen normsetzenden Handlungsradius, sodass keine Abweichung von den geltenden Bedingungen ihrer Existenz geduldet wird. Ein Übergang in eine andere Norm ist damit unmöglich (Canguilhem 1974: 123). Darin jedoch besteht gerade die Fähigkeit des Lebendigen, nämlich die augenblicklich als normal definierte Norm zu überschreiten, Verstöße gegen sie in Kauf nehmen zu können und neue Normen zu setzen (132). Das Normale und das Pathologische unterscheiden sich nur in Hinblick auf ein gegebenes Milieu, auf das sie sich beziehen. Folglich besteht die Fähigkeit eines gesunden Menschen darin, krank werden zu können und doch davon zu genesen, die Krisen seines Organismus zu bewältigen und, wie Canguilhem schreibt, »eine neue Ordnung zu etablieren« (134). Eine ›monströse Anomalie‹ aber duldet keine neue Normsetzung. In den folgenden Ausführungen soll gezeigt werden, wie in den verschiedenen diskursiven Kontexten ›Mutterschaft‹ als soziale, aber auch biologische Kategorie zwischen deskriptiver Anomalie und Abnormität changiert, sodass sie immer mehr in den Bereich der ›Monstrositäten‹ rückt, die gerade dadurch der Gesellschaft bzw. dem wissenschaftlichen Blick auffallen, weil sie ihre Funktionen in einem gegebenen psychologischen oder sozialen Rahmen nicht mehr erfüllen.

›Tota mulier in utero‹: Monster gebären

Die Embryologie und Teratologie blicken auf das ungeborene Lebewesen der sexuellen Reproduktion, während die körperliche Trägerschaft, die Gebärmutter als die Matrix des Lebendigen, erst sehr spät in den Fokus der Mediziner rückt.[6] Zahlreiche spekulative Theorien umrankten das Gebiet rund um Struktur und Funktion dieses ominösen Organs. Braidotti weist darauf hin, dass es besonders in der Epoche des Barock zu einer allgemeinen Kontrolle der mütterlichen Imaginationskraft während des sexuellen Aktes als auch der Schwangerschaft kam, um die gestaltformende Kraft des Uterus zu bändigen (Braidotti 1993: 85f.). Auslöser einer monströsen Mutterschaft konnten unterschiedliche Dinge sein: das Denken an schreckliche Situationen oder der Anblick hässlicher Dinge oder Tiere, wie auch das Träumen (vgl. Nusser 2011: 60f.). Bis weit in das 19. Jahrhundert hinein war man der Meinung, dass kraft der Imagination das vorgestellte oder angeblickte Objekt als Bild auf den Fötus übertragen und reproduziert werden konnte. Der Uterus wird hier ähnlich der platonischen Wachsmetaphorik des Gedächtnisses als biegsames, fluides oder plastisches Empfängnisorgan vorgestellt, das mit dem Imaginationsort der Monstren – dem Gehirn – direkt verbunden ist. Werdende Mütter werden zum genealogischen Ursprungsort des Monströsen.

6 Die Gynäkologie entwickelte sich erst im Laufe des späten 18. Jahrhunderts zu einer wissenschaftlichen Disziplin innerhalb der Medizin, die vorerst von Männern dominiert wurde, obwohl Hebammen immer noch eine wichtige Expertise innerhalb dieser Disziplin besaßen (vgl. Hanson 2004; Schlumbohm 2012).

Gebär-Mütter formen Monster. Sie sind der ›Grund des Kontinuums‹, vor dem sich die Entstehung der Unterschiede überhaupt erst abzeichnet.[7] Abweichungen von der normalen Körpergestalt werden damit nicht der aktiven Kraft des männlichen Samens zugeschrieben, sondern der aus den Bahnen geratenen, vernunftlosen Phantasie, die sich auf die Gebärmutter auswirke. Wie Barbara Stafford in ihrem kunst- und wissenschaftshistorischen Buch *Body-Criticism* (1993) festgehalten hat, wurden bereits in anatomisch-klinischen Schriften des 17. Jahrhunderts Analogien zwischen dem Gehirn und dem Uterus gezogen. William Harvey hat in seinen *Anatomical Excercises* (1651) auf die anatomische Ähnlichkeit beider Organe hingewiesen. In seinem letzten Kapitel »Of the conception« beschreibt er die Physiognomie und Funktion von Gehirn und Uterus, wobei der Entstehungsprozess der Ideen im Geiste genauso erfolge wie der Befruchtungsvorgang in der Gebärmutter (Stafford 1993: 246). Noch bis zum Ende des 19. Jahrhunderts wurde insbesondere durch das Aufkommen der Hygiene-Literatur der Vorgang der Zeugung durch die Gesundheitsvorschriften kontrolliert und überwacht, da man davon ausging, dass die externen Bedingungen (Gesundheitszustand der Eltern, Umweltbedingungen während des Zeugens) nicht nur die Körpergestalt, sondern den Charakterzug des Kindes beeinflussen konnten.[8]

Das Organ des ›Weibes‹ galt als monströs, anormal, tierisch und zuweilen höchst pathologisch.[9] Der Uterus stand dabei als *pars pro toto* für die Frau als Ganzes. Mal wurde er als hässliche Kröte beschrieben, die ein Symbol Satans sei, mal als autonomes Tier, das einen eigenen Willen besitzt, im Körper der Frau lebt und sich auf ihr Verhalten auswirkt (vgl. Gélis 1989: 103).[10] In der Geschichte der Anatomie des weiblichen Körpers lassen sich insbesondere aus dem 18. Jahrhundert Bilder finden, in denen der schwangere Körper zum einen als lebendige Figur mit einem herausgeschnittenen Fötus dargestellt wird, der ebenfalls seziert ist, während der Körper der weiblichen Figur intakt bleibt. Zu den für das Auge imposantesten sezierten Frauenkörpern gehören die *Écorché*-Figuren

7 Ich beziehe mich hier indirekt auf die von Foucault aufgestellte These in *Les mots et les choses*, dass das Monstrum »wie eine Karikatur auf dem Grund des Kontinuums die Genesis der Unterschiede« (Foucault 1974: 203) markiert.

8 Vgl. Sarasin 2001: 434ff. Ein prominentes Beispiel der literar-ästhetischen Verarbeitung dieses medizinischen Diskurses findet sich zu Beginn des Romans *Life and Opinions of Tristram Shandy Gentleman* (1759-1767) des englischen Romanciers Lawrence Sterne.

9 Zum historischen Überblick über die Geschichte misogyner Rede in Wissenschaft und den Künsten vom 16. bis zum 19. Jahrhundert vgl. Geier/Kocher 2008; und den Sammelband *The Female Body in Medicine and Literature* (Mangham/Depledge 2011), insbesondere den Aufsatz von Lori Schroeder Haslem (34-50). Haslem weist darauf hin, dass bereits in den frühen gynäkologischen Texten wissenschaftliche Erkenntnisse mit populären Bildern, die zu Illustrationszwecken verwendet worden sind, miteinander vermengt wurden, sodass oft die neuen medizinischen Informationen der visuellen Vorstellung tradierter Bilder des weiblichen Körpers diametral entgegenstanden (vgl. 42). Für die körperhistorische Rekonstruktion der Geschlechter im deutschen Sprachkreis vgl. Stahnisch/Steger 2005.

10 Jacques Gélis eröffnet ein großes historisches Panorama – von 1500 bis 1900 – über die Praktiken des Gebärens, aber auch über die diskursiven Zusammenhänge, die das Bild der Geburt und der Mutter im Laufe der Jahrhunderte geformt haben. Er beschränkt sich hier vor allem auf historische Quellen aus Frankreich und Deutschland.

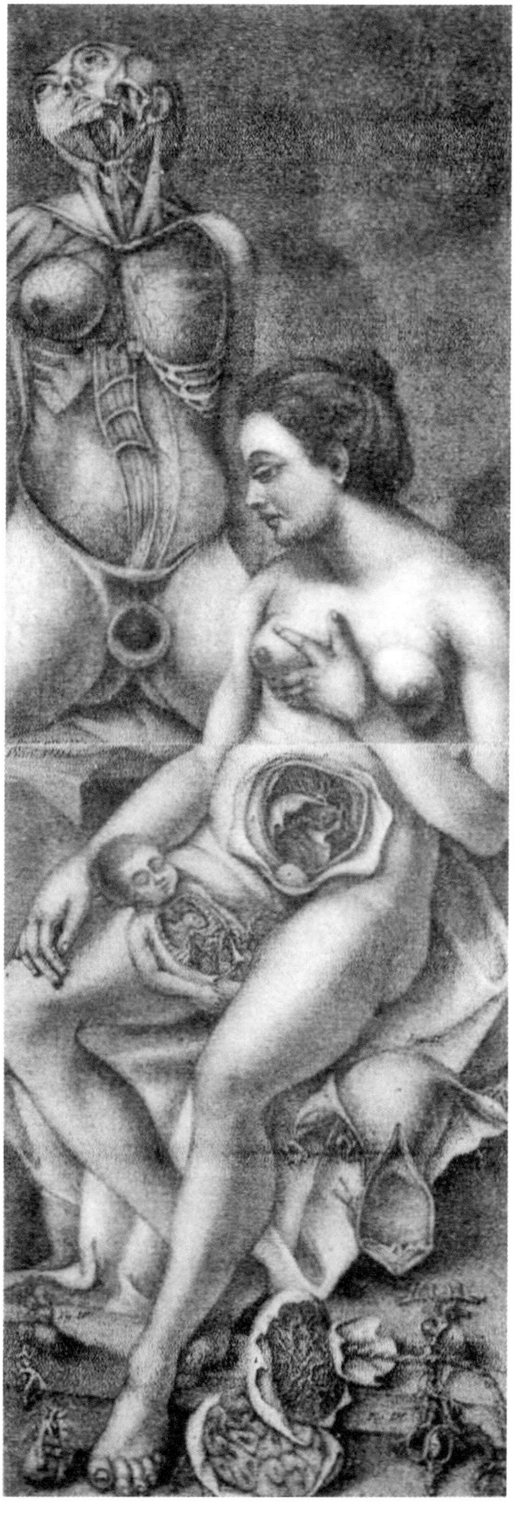

Abb. 1: D'Agoty, Jacques-Fabien Gautier (1773): *Anatomie des parties de la génération de l'homme et de la femme*, plate VII and VIII (= 4th folding plate): Woman and baby, uterus open with another female above, Paris: J. B. Brunet, Demonville.

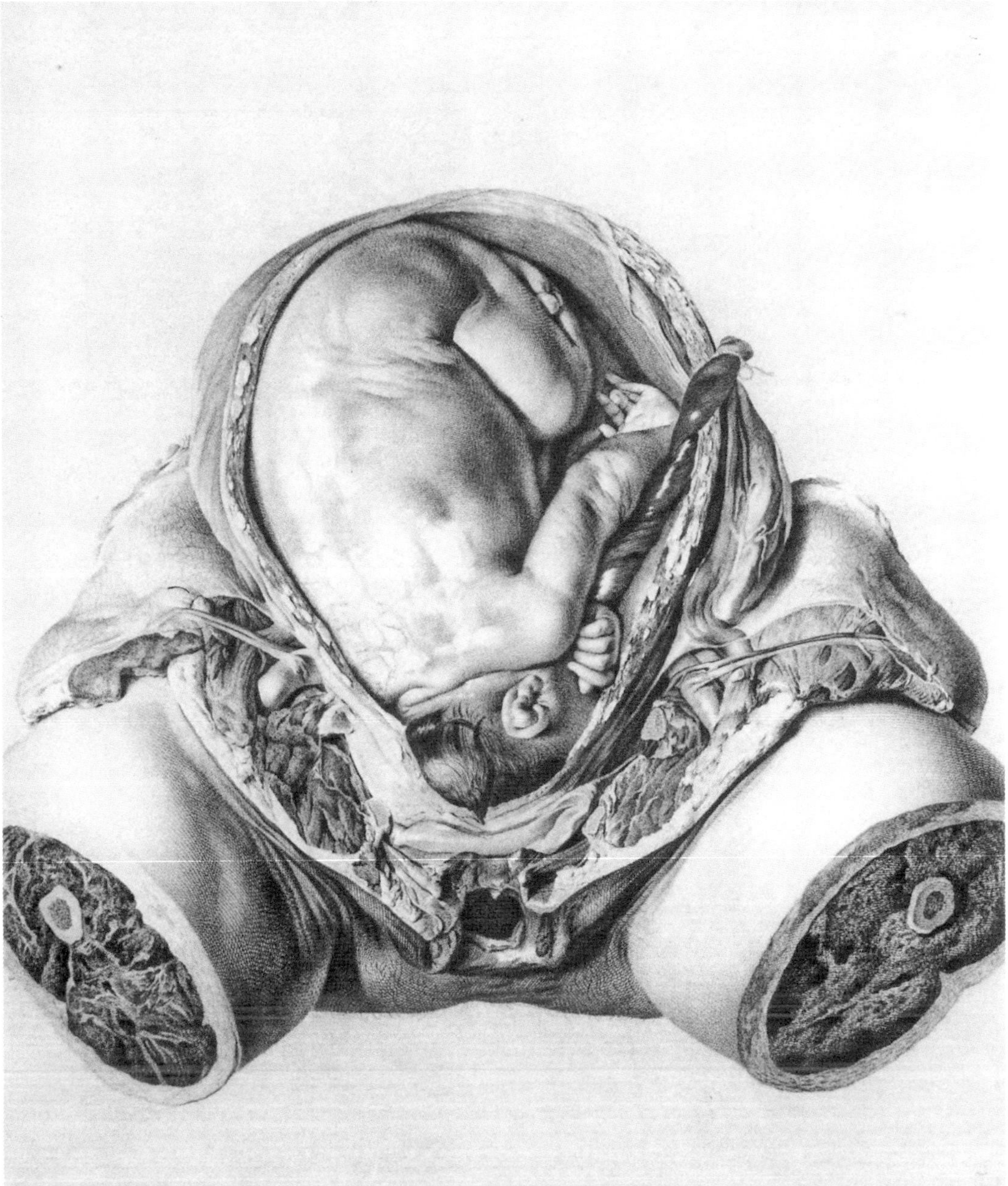

Abb. 2: Hunter, William (1774): *Anatomia uteri humani gravidi tabulis illustrata. The Anatomy of the human gravid uterus exhibited in figures,* table VI: The child in the womb, in its natural situation, Birmingham: J. Baskerville u.a.

des Franzosen Jacques Gautier d'Agoty [Abb. 1].[11] Sie besitzen Zeichen des Lebendigen (bewegliche Glieder, geöffnete Augen), dennoch gleichen sie lebenden Toten. Die malerische Ästhetik anatomischer Bilder kreiert hier Mutter-Zombies, monströse Körpergestalten, die man deswegen als *monströs* bezeichnen kann, weil sie *noch* leben.[12] Die plastischen Teilansichten des Uterus bei William Hunter stellen hingegen nur die portionierte Frau dar: Plazenta und Fötus [Abb. 2].[13] Der detaillierte, photographische Realismus des Bildes, der besonders durch die Schattierungen eine raumgreifende, dreidimensionale Ansicht bekommt, fokussiert vor allem auf die Stellung des Kindes und auf die Gewebestruktur der Plazenta. Die innere Struktur des weiblichen Körpers ist offengelegt, wobei die abgeschnittenen Oberschenkel, in denen man die Knochenstruktur und das Gewebe erkennen kann, auf die abwesende Anwesenheit des weiblichen Gesamtkörpers hindeuten.

Durch diese anatomische Metonymie bzw. metonymische Anatomie reduziert sich das Dasein der Frau gänzlich auf ihr biologisches Organ. Dies mag sicherlich aus dem Erkenntnisinteresse der Disziplin heraus motiviert sein, allerdings verführen derartige Fokussierungen dazu, isoliert zu denken, ohne die Relationen zwischen den Strukturen zu berücksichtigen.[14] Dies führt insbesondere in populär-medizinischen Büchern – zu denen auch die Hygiene-Literatur gehört – zu verzerrten, vereinfachten

11 Ich beziehe mich hier auf die anatomischen Bilder aus dem Werk »Anatomie des parties de la génération de l›homme et de la femme: représentées avec leurs couleurs naturelles, selon le nouvel art, jointe a l›angéologie de tout le corps humain, et a ce qui concerne la grossesse et les accouchemens« (1773). Gautier d'Agoty war kein Anatom oder Chirurg, sondern ein Kupferstecher des französischen Hofs. Mittels einer neuen Färbetechnik war es ihm gelungen, in seinen kunstanatomischen Werken gehäutete Körper zu präsentieren, die den Anschein des Lebendigen trugen. Zu den imposantesten Figuren gehören die sezierten Körper schwangerer Frauen, die auch in der wissenschaftlichen Fachwelt Beachtung fanden. Eine Übersicht über die Geschichte der Illustrationen des schwangeren Uterus von der Renaissance bis zur Moderne findet sich bei Longo/Reynolds (2016). Insbesondere zu d'Agoty (152-153).

12 Zur Geschichte der »lebendigen Barockanatomie« seit dem 16. Jahrhundert vgl. Fichtel 2006.

13 Zur Geschichte des ungeborenen Lebens in der Anatomie und Kulturgeschichte vgl. Schlumbohm et al. 1998; Duden/Schlumbohm/Veit 2002. Emily Martin betrachtet in ihrer Studie *The Woman in the Body* die Entwicklung der medizinhistorischen Metaphern des weiblichen Körpers im Kontext der Praktiken der Gynäkologie (vgl. Martin 2001: 27ff.). Ich beziehe mich hier auf William Hunters einflussreiches Werk der Gynäkologie *The Anatomy of the Human Gravid Uterus Explained by Figures* (1774). Im Gegensatz zu d'Agoty war William Hunter Mediziner und arbeitete als Geburtshelfer. Mit führenden Anatomie-Künstlern und Drucktechnikern der Buchbranche fertigte er lebensgroße Modelle des schwangeren Körpers auf sehr aufwendig produzierten Tafeln an. Vgl. hierzu Longo/Reynolds 2016: 154.

14 Eine Kritik der anatomischen Bilder des weiblichen Körpers, insbesondere in Bezug auf d'Agoty und Hunter, aus Sicht der feministischen Theoriebildung findet sich bei Julie Doyle und Kate O'Riordan (2002: 239-260). Die Autorinnen kritisieren vor allem den heterosexuell codierten Blick auf den sezierten Frauenkörper und seine Reproduktionsorgane sowie das damit einhergehende Insistieren auf einen bestimmten Realitätsbegriff, der durch diese plastischen Bilder hervorgerufen wird (247).

oder stigmatisierenden Darstellungen.[15] Zu ihnen gehört die Schrift *Über den physiologischen Schwachsinn des Weibes* (1900/1903) des Arztes Paul Julius Möbius, die bereits zu Lebzeiten des Autors von feministischen Kritikerinnen wie Johanna Elberskirchen und Max(ie) Freimann angegriffen worden ist und auch polemisch konterkariert wurde.[16] Nach Möbius hat die Frau nur eine Bestimmung in ihrem Leben zu erfüllen, nämlich diejenige, Mutter zu sein: »Auch in geistiger Beziehung ist alles, was den Mutterberuf erleichtert, dem Weibe zu geben, alles, was ihn erschwert, zu beseitigen. [...] Mütterliche Liebe und Treue will die Natur vom Weibe« (Möbius 1903: 26). Eine gesunde Mutterschaft sei nur dann möglich, wenn die Emanzipation der »Gehirndamen« (französischen und

15 Zur Hygiene-Literatur als populärwissenschaftliches Genre vgl. Sarasin 2001. Der Begriff der Populärwissenschaft bzw., in diesem Kontext der Begriff des Populär-Medizinischen wird hier nicht im pejorativen Sinne verwendet. Die Geschichte der Popularisierung der Wissenschaften hat bereits im Laufe des 16. Jahrhunderts begonnen und wird von Fachsprachenforschern und Historikern mit dem Übergang von Gelehrtenlatein in die einzelnen Nationalsprachen markiert, da dort bereits semantische Transferprozesse parallel zur Ausdifferenzierung verschiedener Disziplinen stattfanden. Prozesse der Popularisierung sind daher bereits in die Genese moderner Wissenschaftssprachen eingeschrieben, die schließlich erst im 19. Jahrhundert zu einer erneuten Exklusions- und Inklusionsarbeit zwischen fachinterner und fachexterner Wissenskommunikation aufgrund der Ausdifferenzierung des journalistischen, wissenschaftlichen Feldes wie auch des Feldes der Verleger führte. Ich habe mich in meiner Dissertation *Homo academicus goes Pop* (2016) aus historisch-vergleichender, feldsoziologischer wie texttheoretischer Perspektive ausgiebig mit diesem Thema beschäftigt. Vgl. hierzu Gwozdz 2016, insbesondere Teil 1 Kapitel 3 zur Gattungstheorie populärer Wissenschaftsprosa und Teil 2 Geschichte der Populärwissenschaft im internationalen Vergleich vom 19. bis zum 20. Jahrhundert (Deutschland, Frankreich, England, USA, Lateinamerika).

16 Zur historischen Kontextualisierung von Paul Julius Möbius im psychiatrischen Diskurs seiner Zeit vgl. Roelcke (1999: 96ff.). Roelcke zeigt hier vor allem den Verlauf der Rezeption des Degenerationsbegriffs auf, den Möbius vor allem durch die Übersetzungen der Schriften Valentin Mangans, einem Schüler des französischen Psychiaters und Vertreters der progressiven Degenerationslehre Bénédict Augustin Morel, teils übernahm, aber auch kritisch reflektierte (97). Katrin Schmersahl bespricht Möbius Studie ausführlicher im Kontext der medizinischen Konstruktion der Geschlechterdifferenzen um 1900, wobei sie anmerkt, dass Auslöser dieses höchst »lukrativen Markt[s]« (Schmersahl 1998: 343) der Wissenschaftsprosa Henrik Ibsens Theaterstück »Nora« gewesen sei (vgl. 316). Holger Steinberg hatte eine umfassende Werkbiographie zu Möbius verfasst, in der er unter anderem seinen literarischen Stil in den Pathographien (u.a. zu Goethe, Nietzsche, Schopenhauer und Rousseau) herausarbeitet und sie ins Verhältnis setzt zum Pamphlet über den »Physiologischen Schwachsinn des Weibes«. Wie Steinberg herausstellt, habe sich Möbius im Laufe seiner Karriere zum akademischen Außenseiter entwickelt, was vor allem durch viele populäre Beiträge deutlich werde, z.B. in den »Schmidt'schen Jahrbüchern zur in- und ausländischen Medizin«, deren Redakteur er 1893 wurde und in der er stets mit beißender Ironie und Sarkasmus schrieb (vgl. Steinberg 2005: 117). In dieser Zeit entstand auch das Pamphlet über das »Weib«, das zunächst 1900 in den »Sammlungen zwangloser Abhandlungen aus dem Gebiete der Nerven- und Geisteskrankheiten« erschien und von Konrad Alt herausgegeben wurde, der u.a. auch eine weitere eher populärwissenschaftlich orientierte Zeitschrift zur »Irrenpflege« (1. Band 1897/1898) herausgab (vgl. hierzu Kreuter 1996: 26). Auch wenn einige seiner wissenschaftlichen Arbeiten in der *scientific community* rezipiert worden sind, kann man festhalten, dass Möbius vor allem wissenschaftsjournalistische Ambitionen verfolgte und als Popularisierer medizinischen Wissens gilt.

englischen Zuschnitts) endlich als »Entartung« erkannt und beseitigt werde. Für Möbius steht fest, dass Formen der Unfruchtbarkeit auf soziale Phänomene zurückführbar seien. »Mannähnliche Weiber« und ihr »Intellektualismus« seien für die biologische Deformation verantwortlich. Man müsse das Weib daher wieder daran erinnern, zu seiner tierähnlichen Natur zurückzukehren, das heißt wieder unselbständig zu werden, damit aber auch gleichzeitig heiter und sicher zu leben (21). Weil sich die ganze Frau im Uterus befinde (›Tota mulier in utero‹), sei es umso gravierender, wenn die erhöhte Gehirntätigkeit die ›Mutterorgane‹ störe und man sie verkümmern ließe. Hier wird eine mögliche Deformierung der weiblichen ›Mutterorgane‹ und die daraus folgende Deformierung ihres ungeborenen Kindes nicht mehr auf die entfesselte Imagination zurückgeführt, sondern auf die erhöhte Verstandestätigkeit. Nun ist es der entfesselte ›Intellektualismus‹, der Monster produziert (43). Wie Möbius festhält, sei das Weib aufgrund seiner Menstruation und besonders während der Schwangerschaft als pathologisch zu betrachten. In diesen beiden Zuständen äußere sich bisweilen die abnormale Veranlagung des Weibes. Er kommt zu dem Schluss: »Während eines beträchtlichen Teiles ihres Lebens ist das Weib als abnorm zu betrachten« (29). Damit das *Weib* zur *Frau* werde, das heißt zu einer *Mutter*, müsse sie der Natur gehorchen, denn diese sei die *Frau der Frauen*, die über den ›intellektuellen Schwachsinn des Weibes‹ obsiege:

> »Die Natur ist eine strenge Frau und bedroht die Verletzung ihrer Vorschriften mit harten Strafen. Sie hat gewollt, dass das Weib Mutter sei, und hat alle ihre Kräfte auf diesen Zweck gerichtet. Versagt das Weib den Dienst der Gattung, will es sich als Individuum ausleben, so wird es mit Siechtum geschlagen« (28).

Hier ist klar definiert, was Mutterschaft vom Standpunkt eines männlich interpretierten Naturbegriffs aus bedeutet: Mutterschaft steht im Dienst der Gattung und wird nicht durch individuelle Handlungen oder Wünsche bestimmt. Die ›Gebär-Mutter‹ ist – mit anderen Worten – Gemeingut, ein notwendiges sozio-biologisches Organ der Gattung Mensch und hat mit der individuellen Frau so gut wie nichts zu tun.[17] Entscheidend ist hierbei die semantische Verschiebung der Begriffe Weib, Frau, Mutter, die die Konjunktionen bei Braidotti in ein anderes Licht stellt: Weil das ›Weib‹, d.h. die biologische Definition der auf ihr Geschlecht reduzierten Frau, generell ›abnorm‹ sei, müsse es *normalisiert* werden, indem es zur Frau wird. Diese Transformation wird durch das Mutter-Werden gewährleistet. Der Begriff der ›Mutter‹ wird hier also zu einem Ort der Verwandlung, der semantischen Um-Ordnung: vom ›Weib‹ zur ›Frau‹. Mutterschaft könnte somit als eine Schnittstelle verstanden werden, die nicht nur das rein Biologische mit dem Sozialen verknüpft, sondern das Biologische transzendiert, um es auf die Ebene des Sozialen zu heben. In den Darstellungen von Möbius wird deutlich, dass das Merkmal des ›Abnormalen‹

17 Diese Funktion von Mutterschaft, die im Dienst der Gesellschaft oder gar des Staates steht, wird im 20. Jahrhundert von dem Mediziner und Geburtshelfer Grantly Dick-Read vertreten. In seinem Bestseller *Child birth without fear. The original approach to natural child birth* (1942) entwirft er ein Mutterbild, in dem die gebärende Mutter als gottähnliche Figur und der Prozess des Gebärens als ein metaphysischer Vorgang beschrieben werden. Als stärkste Säule der Gesellschaft diene die Mutter dem *national life*.

gar keine Abweichung mehr von einer Norm darstellt, sondern die Norm des ›Weibes‹ selbst ist. Wenn das ›Weib‹ aufgrund seiner physiologischen Veranlagung während seines gesamten Lebens immer schon ›abnormale‹ Verhaltensmuster zeigt, wird das ›Abnorme‹ zur positiven Bestimmung seines Wesens: ›Weib‹ ist das, was abnorm ist.

Das Kapital und der ›positive Parasit‹

Während der medizinisch-biologische Diskurs die Abnormität im Körper des ›Weibes‹ verortet, wird im politisch-ökonomischen Diskurs des Sozialismus das Abnorme in das kapitalistische Fabriksystem hinein verlagert. August Bebel hat sich mit der ›Frauenfrage‹ im Sozialismus auseinandergesetzt und untersucht sowohl historisch als auch mithilfe von unterschiedlichen statistischen Daten seiner Zeit die Zusammenhänge zwischen Frauenarbeit, Hausarbeit, Eheschließung, Fortpflanzung und Prostitution (Bebel 1879):[18] eine Vorform der ›Biopolitik‹[19] der proletarischen Frau. Von den christlich-patriarchalischen Strukturen, in denen die Frau als Verführerin zum Bösen stigmatisiert wird und als Besitz des Mannes gilt, bis hin zum kapitalistischen Ursprungsmythos der bürgerlichen Kleinfamilie steht die »Leibeigenschaft« der Frau, die sich vor allem in der Ehe, der »Versorgungsanstalt« (46) des Staates, exemplarisch zeige, im Zentrum seiner Analysen (16). Bebels pejorative Verwendung von Begriffen wie »Ehebörse« oder »Eheverkuppelungs-Unfug« legt die Annahme nahe, dass das spekulative Kalkül die Liebe im Zeitalter des Kapitalismus unmöglich machte (32). Noch entscheidender ist jedoch, dass die familiäre ›Versorgungsanstalt‹ innerhalb des Proletariats als eine Fabrik der Anormalen erscheint. Bebel führt hier beispielsweise die Unterversorgung der Frauen während der Schwangerschaft an, die zu Krankheiten führe und damit auch die »Degeneration der Race« (37) bewirke. Die ›Degeneration‹ der Gattung, wie sie auch Möbius befürchtet, wird zwar auch bei Bebel zunächst auf der biologisch-physiologischen Ebene lokalisiert (Unternäherung oder schlechte Ernährung), doch die eigentlichen Ursachen hängen hier generell mit einer Ausbeutung der weiblichen Arbeitskraft unter gesundheitsschädlichen Bedingungen in der Fabrik zusammen.

Folge dieser wechselseitigen Bedingtheit seien »Rohheit, Sittenlosigkeit und Verbrechen«, das heißt das Produkt der kapitalistischen Ausbeutungsmaschinerie durch abhängige Lohnarbeit ist das »Sittenmonster«, wie es Michel Foucault in *Les Anormaux* historisch beschrieben hat (Foucault 2003: 108ff.). Allerdings beschreibt Foucault dort die Entstehung der kriminellen Monstrosität bzw. des monströsen Kriminellen im Kontext des Dispositivs der Strafmacht bzw. der »Ökonomie des Strafrechts« (109). Bebel hingegen führt die Geburt des Kriminellen auf die kapitalistische Struktur der Gesellschaft zurück. Für ihn sind es die Bedingungen in der Fabrik, die indirekt zum Ursprungsort des

18 August Bebel gilt als ein wichtiger Wegbereiter der Frauenbewegung, was besonders die zahlreichen Übersetzungen seiner Schrift und die Veröffentlichung von 52 Auflagen zu Lebzeiten des Autors belegen. Sie gilt als die am weitesten verbreitete »marxistische Agitationsschrift des 19. Jahrhunderts« (Gerhard 2009: 59).

19 Zur semantischen Differenzierung des Begriffs der Biopolitik und Gouvernementalität nach Foucault vgl. Lemke 2007: 79f.

›Sittenmonsters‹ werden.[20] Wobei hier noch nicht ausschließlich das »große Monstrum« gemeint ist, von dem Foucault in seinem Aufsatz über ›gefährliche Menschen‹ gesprochen hat, in dem Verbrechen und Wahnsinn in Relation zueinander stehen, sondern eher der »Mensch der kleinen alltäglichen Unordnung, der blasse Schatten an den Grenzen zu Gesetz und Norm« (574).

Indirekt sind die Einflüsse deswegen, weil es immer noch die schwangere Frau – hier in der Rolle der Fabrikarbeiterin – ist, die zum liminalen und unsichtbaren Ort einer Transformation wird. Ihr Körper wird zur Schnittstelle von Übertragungen zwischen Fabrik und Haushalt. Die Argumentation verdeutlicht, dass es nicht die weibliche Imaginationskraft ist, die die Gebärmutter prägt und damit die Form des ungeborenen Lebens bestimmt, sondern die gesundheitsschädlichen Bedingungen, unter denen Frauen in verschiedenen Gewerben tätig sind, in denen vor allem mit gefährlichen Chemikalien gearbeitet wird. Hinzu kommt – bedingt durch niedrige Löhne und wenig Freizeit – ein proletarischer Lebensstil, der sich schließlich auf die Gesundheit der Frau auswirke und damit das Wachstum des Kindes negativ beeinflusse (vgl. Bebel 1879: 37, 69).[21] Die sozialistische Aufgabe, so Bebel, bestehe eben nicht darin, die Menschen von der Arbeit, sondern von der proletarischen Lebensweise zu befreien. Er führt seine Annahmen auf Statistiken zurück, die einen Rückgang der Geburtenzahlen und gleichzeitig einen Anstieg der Scheidungsrate dokumentieren, wobei die Scheidungen größtenteils von Frauen eingereicht worden seien. Diese Beobachtungen bringen ihn zu dem Schluss, dass es eine neue gesellschaftliche Ordnung bräuchte, die die Stellung der Frau in dem ›*oikos*-Zyklus‹ von Arbeiten, Gebären und Sorgen ändere.[22]

Diese Forderung wurde in der Kritik der Frauenbewegung und der Sozialistinnen am Historischen Materialismus seit dem 19. Jahrhundert in den Auseinandersetzungen um Reproduktionsarbeit diskutiert und erhielt seit den 1990er-Jahren unter dem Begriff

20 Bebel nennt auch die Prostitution als soziale Institution, die uneheliche Kinder produziere, die in Findelhäusern unter der Obhut des Staates oder der Kirche aufwachsen müssten, aus denen ›Sittenmonster‹ entstehen könnten. Zu ergänzen wäre an dieser Stelle, dass ausschließlich Prostituierte und Verbrecherinnen im 19. Jahrhundert (so z.B. bei Lombroso) mit den Kategorien des Monströsen beschrieben worden sind (vgl. Mendel/Ruck 2009: 124). Mendel und Ruck kritisieren daher die generelle ›Geschlechterblindheit‹ Foucaults in Bezug auf das ›Sittenmonster‹ (vgl. 126).

21 Karl Marx hatte bereits in seinen Ausführungen zur »Weiber- und Kinderarbeit« im Kontext der »Maschinerie« wie auch zu den Gesundheitsklauseln des Fabriksystems betont, dass das Kapital »alle Glieder der Arbeiterfamilie, ohne Unterschied des Geschlechts und Alters, unter die unmittelbare Botmäßigkeit des Kapitals« (Marx 1962 [1867]: 416) stelle. Zum »Mißbrauch elterlicher Gewalt« durch das kapitalistische Fabriksystem vgl. 513.

22 Silvia Federici hat in ihrer historischen Studie zur weiblichen Arbeitskraft im Übergang von der feudalen gesellschaftlichen Ordnung zur kapitalistischen darauf hingewiesen, dass durch die geschlechtliche Arbeitsteilung auch eine Neubewertung weiblicher Arbeit stattfand. Während die männliche Arbeitskraft in der ökonomischen Struktur des Marktes eine sichtbare Verwertbarkeit aufwies, weil sie außerhalb des *oikos* gekauft und verkauft werden konnte, begann sich die weibliche Arbeit in eine unsichtbare zu verwandeln, obwohl sie zu der Akkumulation des Kapitals beitrug. Sie wurde als eine natürliche Berufung der Frau mystifiziert, obwohl sie nichts anderes als unbezahlte Arbeit war (Federici 2009: 75).

care work neue feministische Aufmerksamkeit. Braidotti bezieht sich in *Transpositions* (2006) ebenfalls auf die *ethics of care* und betont in Anlehnung an die Arbeiten von Joan Tronto, dass die ›Sorge‹ ein politisches Ideal sei, das weit über moralische Diskussionen hinausgehe. Die Sorge-um-sich-selbst sei mit der Sorge-für-den-Anderen verknüpft, wobei Braidotti den Zweck dieser Sorge gerade in der Herstellung ›besserer moralischer Agenten‹ sieht: »construct better citizens as well as making better moral agents« (Braidotti 2006: 119). Mit anderen Worten: Der Sinn und Zweck der Sorge besteht darin, die unsittlichen Abweichungen, die Entstehung von ›Sittenmonstern‹ so minimal wie möglich zu halten und gleichzeitig Subjekte zu konstruieren, die aktiv den Wunsch entwickeln, sich um andere zu sorgen. Man erkennt also auch an dieser Struktur eine Art von ethischem Kalkül, das nur einem Zweck dient: der Normalisierung des Abnormen bzw. seiner Prävention. Um es zugespitzt zu formulieren: Die Sorge sorgt sich um keinen anderen als um die ungehinderte Zirkulation des Kapitals. Auch wenn diese These zunächst simplifizierend erscheint, trifft sie einen wesentlichen Aspekt des ökonomischen Kreislaufs, auf den Karl Marx in Anlehnung an ein Zitat des englischen Ökonomen William Petty hingewiesen hat:

> »Der Eigentümer der Arbeitskraft ist sterblich. Soll also seine Erscheinung auf dem Markt eine kontinuierliche sein, wie die kontinuierliche Verwandlung von Geld in Kapital voraussetzt, so muß der Verkäufer der Arbeitskraft sich verewigen, ›wie jedes lebendige Individuum sich verewigt, durch Fortpflanzung‹. Die durch Abnutzung und Tod dem Markt entzogene Arbeitskraft müsse zum allermindesten durch eine gleiche Anzahl neuer Arbeitskräfte beständig ersetzt werden. Die Summe der zur Produktion der Arbeitskraft notwendigen Lebensmittel schließt also die Lebensmittel der Ersatzmänner ein, d.h. der Kinder der Arbeiter, so daß sich die Race eigentümlicher Warenbesitzer auf dem Warenmarkt verewigt« (Marx 1962 [1867]: 185f.).

Marx analysiert hier die enge Verzahnung der Endlichkeit des Menschen mit der Unendlichkeit des Kapitals, deren Kontinuität durch die Reproduktion des Endlichen gewährleistet werde. Wenn die ›kontinuierliche Verwandlung von Geld in Kapital‹ nur durch die gesellschaftliche ›Nabelschnur‹ von der Fabrik in den privaten *oikos* führt und von dort weiter in den Körper der Frau, dann ist der Fötus mit Blick auf die »kapitalistische Vergesellschaftung« (Heim 2013: 26) nichts anderes mehr als ein innerer Vampir, der sich nur kraft dieses kontinuierlichen Flusses erhalten kann. Gleichzeitig wird der Fötus nicht nur mit Energien aus der Außenwelt versorgt, er wird selbst zu einer Legebatterie, die neue Energien für die Metamorphosen des Kapitals bereitstellt.[23] Nach der Logik dieser

23 In diesem Zusammenhang hält auch Federici fest, dass im Zuge des ›primitiven‹ Akkumulationsprozesses der weibliche Körper zunehmend als Instrument zur Reproduktion von Arbeitskraft angesehen wurde, als »natural breeding-machine, functioning according to rhythms outside of women's control« (Federici 2009: 91). Es sei hier an den *science fiction*-Film *Matrix* (1999) von Lana (damals noch Larry) und Andrew Wachowski erinnert, in dem die Maschinen ganze Felder von Bio-Batterien aus menschlichen Embryonen anlegen. In diesem Kontext sollte auch nicht vergessen werden, dass das Wort ›Matrix‹ im Lateinischen auf die Bedeutung des Muttertiers und der Gebärmutter zurückgeht. Vgl. hierzu Creed 1993. In *The Monstrous-Feminine* untersucht sie das

Metamorphosen ist der innere Vampir immer schon als ›Ersatzmann‹ in das Fabrik- und Maschinensystem mit eingerechnet. So definierte Marx in seiner prägnanten Metaphorik, dass das Kapital nichts anderes sei als »verstorbene Arbeit, die sich nur vampirmäßig belebt durch Einsaugung lebendiger Arbeit und um so mehr lebt, je mehr sie davon einsaugt« (Marx 1962 [1867]: 247). Das Kapital absorbiert die sexuelle Reproduktionskraft, um wiederum in potentiell neue Arbeitskraft zu investieren. Das bedeutet gleichzeitig, dass noch bevor die ›Ersatzmänner‹ in den Zyklus der Metamorphose eintreten, sie von diesem Kreislauf bereits eingesaugt werden: Der Vampirismus verstorbener Arbeit produziert monströse Mutterschaften, die in zukünftig verstorbene Arbeitskraft investieren (vgl. McNally 2011: 140ff.). Der Fötus wird aus ökonomisch-biologischer Perspektive – man könnte hier von einer ›Bio-Macht‹ der Föten sprechen – zum inkorporierten Vampir, der die Arbeitskraft seiner ›Versorgungsanstalt‹ verbraucht, für deren Erhalt er Sorge tragen muss. Aus Sicht feministischer Theoriebildung wird daher ersichtlich, warum der schwangere Körper als Wirt interpretiert wird, in dem ein »positiver Parasit« haust (Braidotti 2006: 122).[24] Im Körper der werdenden Mutter wird der Fötus zum Ressourcen verschlingenden Parasiten, um sich selbst als Kapital zur Geburt zu verhelfen.

Von *dangerous motherhood* zu *regretting motherhood*: eine monströse Um-Ordnung der Emotionen

Damit die Kopplungen von Leben und Arbeit, Sterblichkeit und Unsterblichkeit reibungslos funktionieren, müssen Institutionen geschaffen werden, die den Geburtsort der Reproduktionskraft überwachen und kontrollieren. Barbara Duden hat in ihren historischen Analysen zum Konzept des ungeborenen Lebens im Kontext der Embryologie sowie zur Schwangerschaft und Mutterschaft im disziplinären Kontext der Gynäkologie darauf hingewiesen, dass durch den Prozess der Institutionalisierung, in dem die Frau sowohl als Patientin als auch als Kundin erscheint, ein strikter klinischer Apparat im Sinne eines Dienstleistungssektors erschaffen worden ist, der sich gleichzeitig ›sorgt‹ und eine Überwachungsfunktion erfüllt, denn sowohl der Embryo als auch die schwangere Frau werden als *potentiell* pathologische Entitäten betrachtet: Der Fötus wird zum Verwaltungsobjekt, während die Frau zum Objekt der Sorge wird (vgl. Duden 1991).

Im 19. Jahrhundert wurde mit der klinischen Diagnose der »dangerous motherhood« als *domestic disorder* die Ablehnung des Neugeborenen durch seine Mutter als eine Art von Melancholie oder Manie der Frau interpretiert, was zu ihrer gesellschaftlichen Ausschließung und Pathologisierung führte (vgl. Marland 2004: 202f.).[25] Kuriert wurden

Genre des Psycho-Horrorfilms und erarbeitet verschiedene Typologien des ›Monströs-Weiblichen‹.

24 Die Analogie zwischen Fötus und Parasit hat auch in den naturwissenschaftlichen Diskurs ihren Eingang gefunden, weil es tatsächlich, d.h. nicht bloß metaphorisch, eine molekularbiologische Strukturhomologie zwischen beiden Entitäten gibt. Vgl. hierzu Lowry 2008 sowie den Spiegel-Beitrag »Die Invasion der kindlichen Zellen« (Hackenbroch 2009).

25 Die Symptome galten als klassenübergreifend und konnten daher nicht auf die individuelle Lebensgeschichte der Patientinnen zurückgeführt werden.

die Mütter in der Klinik, um schließlich im *oikos* zu funktionieren. Faszinierend für die klinische Profession war vor allem die Unfähigkeit, das geborene Kind lieben zu können. Demnach gilt auch hier die Regel Canguilhems, dass nur die ›normative Abweichung‹ das wissenschaftliche Interesse ködert, wobei hier nicht die biologisch-physiologische ›Abart‹ gemeint ist, sondern die psychisch-soziale. Eine bestimmte psychologische Verfassung der Mutter führt zu einem Normverstoß in ihrem sozialen Milieu, nämlich nicht mehr im familiären Haushalt funktionieren zu können. Dementsprechend ist die Störung auch nicht ein *disorder* des klinischen Subjekts, sondern des ›Haushalts‹. Mit Bebel und Marx gesprochen: Die Produktivität der Hauswirtschaft wird gestört, wodurch schließlich der gesamte ökonomische Zyklus beeinträchtigt wird. Die ›Normativitätsspanne‹ der ›Gebär-Mutter‹ wird auf Mikro-Ebene eingeschränkt und hat dadurch Auswirkungen auf der Makro-Ebene.

Folglich funktioniert das Adjektiv *dangerous* als Marker einer ›sozialen Gefahr‹ im Sinne Foucaults, der sowohl auf den gefährlichen Zusammenhang zwischen Geisteskrankheiten und ungesunden Lebensbedingungen als auch auf die Disziplinierungsmaßnahmen eines individuellen Körpers rekurriert, der in Bezug zu einem ›kollektiven Körper‹ steht und für diesen zu einer potentiellen »Quelle von Gefahren« werden kann. In der Psychiatrie des 19. Jahrhunderts sei somit die »Psychologie der individuellen Seele« mit der »Medizin des kollektiven Körpers« (Foucault 2003: 577) verschränkt.

Eine andere Variante der *dangerous motherhood* ist das derzeit in den sozialen Netzwerken, der Sachbuchliteratur und dem Feuilleton diskutierte Phänomen *regretting motherhood*. Die israelische Soziologin Orna Donath befragte in ihrer Studie *RegrettingMotherhood: A Sociopolitical Analysis* (Donath 2015) aufbauend auf vergleichenden kulturwissenschaftlichen Studien 23 israelische Mütter nach ihren persönlichen Empfindungen gegenüber ihrer Mutterschaft, mit dem besonderen Fokus, ob Mütter aus unterschiedlichen sozialen Kontexten ein gemeinsames Narrativ über das Reuegefühl ihrer Mutterschaft entwickelten. Der Sinn und Zweck der Tiefeninterviews bestand darin, die Emotion ›Reue‹ als von anderen mütterlichen Emotionen distinguiertes Forschungsobjekt zu erfassen, um schließlich den ethischen Imperativ an das Mutter-Sein und das *good mother paradigm* zu problematisieren (Donath 2015: 344). Donath weist auf bereits vorhandene Studien hin und thematisiert die sozial-kulturellen Kodierungen des Begriffs *regret*. Entscheidend im Rahmen dieser Überlegungen ist, dass die Emotion der ›Reue‹ in Bezug auf Mutterschaft tatsächlich das Merkmal eines Tabubruchs beinhaltet.[26] Hier geht es nicht um das Kind als potentielles ›Sittenmonster‹, sondern um die Mutter, die sich unmoralisch verhält, weil sie es bereut, Mutter geworden zu sein. Im Unterschied zur postnatalen Depression, in der die Frauen pathologisiert werden, weil sie ihr Kind ablehnen und nicht lieben können und aufgrund dessen auch im Haushalt nicht funktionieren, wird nun eine Emotion von einer interessierten Teilöffentlichkeit der Gesellschaft als ›anormal‹ gewertet, die ansonsten »unproblematisch« erscheint. Dabei betont Donath gerade, dass die Beziehung zwischen Reue und Mutterschaft kein Phänomen darstelle, sondern eine »Alarmglocke«, ein Instrument,

26 Vgl. hierzu auch Donath in ihrer erst kürzlich erschienenen Monographie *#regretting-motherhood. Wenn Mütter bereuen* (2016: 12f.). Donath kommentiert hier vor allem die öffentliche Debatte in den sozialen Netzwerken und der Blog-Community.

um gegen die vorherrschenden Machtsysteme zu demonstrieren« (Donath 2016: 14). Sie fokussiert also vor allem auf eine Veränderung der Fortpflanzungspolitik. Aus den Mütter-Narrativen zur Emotion ›Reue‹ soll demnach die Regulierungstechnik einer bestimmten Bevölkerungsschicht und damit praktizierte Biopolitik werden.

Während bei der postnatalen Depression die Frau in ein Raster von klinischen Klassifikationen eingefügt und sie damit von der Verantwortung entbunden wird sich rechtfertigen zu müssen, gerade weil es eine ›anerkannte Krankheit‹ ist, für die man sich nicht bewusst entscheidet, sondern die einem widerfährt, liegt bei dem Phänomen der *regretting motherhood* das genaue Gegenteil vor: In mehreren Interviews wird offen bekundet, dass man zwar seine Kinder liebe, aber es trotzdem bereue, Mutter geworden zu sein und dies am liebsten rückgängig machen würde.[27] Was hier in dem Interview eine ›Anomalie‹ im Diskurs um die Mutterschaft erzeugt, ist die Diskrepanz von Liebe und Reue, da beide auf unterschiedliche Objekte referieren: Die Liebe richtet sich auf das Kind, die Reue auf das Konzept von Mutterschaft und auf alles, was damit einhergeht. Hier haben wir es weder mit einem Körper- noch mit einem – im strengen Sinne des Wortes – Sittenmonster zu tun, weil hier keine Strafmacht greift, wohl aber mit einem ›Subjektmonster‹, der *anderen* Mutter, die in der gesellschaftlich akzeptierten Mutter ›schläft‹. Sie ist keine ›monströse Anomalie‹, denn sie funktioniert in ihrem Milieu (psychisch, sozial etc.). Sie kann aber als eine Anomalie erster Stufe aufgefasst werden, als individuelle Variation eines Themas: ›abartig‹, aber nicht ›gefährlich‹. *Regretting motherhood* wäre dann nichts Anderes als ein besonderes Kapitel der Sozialgeschichte der Mutterschaft.

Daher ließe sich festhalten, dass die sozialpolitische Analyse selbst dasjenige Instrument ist, das die Abweichung produziert hat, indem Donath die Abweichungen von den ›Reue‹-Narrativen, d.h. komplette Gegendarstellungen, aus ihrer Studie aussortiert hat.[28] So wie im 18. Jahrhundert durch künstliche Befruchtung bewusst das Spiel mit der Bildung von Monstrositäten provoziert worden ist (vgl. Canguilhem 1979: 67), produziert Donath mit ihren Tiefeninterviews die sozialen Anomalien, die sie untersucht. Ihr Anliegen schien vordergründig darin zu bestehen, aus der Emotion *regret* ein »epistemisches Ding«[29] zu machen, um ein gesellschaftliches Problembewusstsein für die pronatalistische Geburtenpolitik in Israel zu schaffen, die zu einer Form der Unterdrückung für diejenigen Frauen werden kann, die sich selbst nicht in der Rolle der Mutter sehen, keine Familienplanung

27 Aus diesem Grund stellte es sich für die Forscherin auch als schwierig heraus, überhaupt Informantinnen zu finden.

28 Wie Donath in ihrer Methodendiskussion festhält, wurden ursprünglich 28 Mütter befragt. Da jedoch bei fünf Müttern keine Reuegefühle während des Gesprächs thematisiert wurden, waren sie für die Studie nicht relevant und wurden aus der Stichprobe entfernt. Darüber hinaus merkt Donath an, dass sie bewusst mit *Marketingstrategien* in Form von öffentlichen Vorträgen und Beiträgen in Familien-Foren auf ihr Projekt als eine »Pionier-Forschungsarbeit über gewollte Kinderlosigkeit« hinwies. Zu fragen wäre hier, ob sich nicht dann hinter den humanwissenschaftlich erforschten Tiefeninterviews eine *self fulfilling prophecy* verbirgt.

29 Vgl. hierzu Rheinberger 2002: 24: »Epistemische Dinge sind die Dinge, denen die Anstrengung des Wissens gilt – nicht unbedingt Objekte im engeren Sinn, es können auch Strukturen, Reaktionen, Funktionen sein. Als epistemische präsentieren sich diese Dinge in einer für sie charakteristischen, irreduziblen Verschwommenheit und Vagheit«.

haben und stattdessen den Karriereweg einschlagen möchten. Aus einer sozialpolitischen Analyse sollte daher eine politische Agenda werden, die Donath sowohl in ihrer Originalpublikation als auch in der deutschen Ausgabe nicht verschweigt, sondern bewusst rhetorisch in Szene setzt. Mein Kritikpunkt ist, dass sie weder zwischen Wissenschaft und Politik unterscheidet, noch selbstkritisch auf die mangelnde Repräsentativität und Allgemeingültigkeit ihrer Studie hinweist. Donaths politische Mobilisierung der Forschungsergebnisse und der Kampf für die *eigene Sache* sollten dabei jedoch nicht im Vordergrund stehen. Die Erforschung der Emotion der Reue in Bezug auf Mutterschaft gehört daher aus meiner Sicht eher in den Bereich der »matters of concern«[30] als in den Bereich der »matters of fact« (Latour 2007: 21). Die *bereuenden* Mütter sind daher (noch) keine *gefährlichen* Mütter. Als ›matter of concern‹ ist *regretting motherhood* auch in den deutschsprachigen sozialen Medien aufgegriffen worden, allerdings ist hier die Resonanz vergleichsweise gering, was möglicherweise damit zu tun hat, dass in diesem Kontext die Ablehnung von (als beglückend empfundener) Mutterschaft nicht so tabuisiert ist wie im pronatalistischen isralischen Kontext. Dennoch zeigt dieses Wandern der ›figure‹ *regretting mother*, dass diese auch allgemeiner plausible Inhalte transportiert. Ob *regretting motherhood* ein wissenschaftlich relevanter Untersuchungsgegenstand für zukünftige humanwissenschaftliche Forschung sein wird und sich damit zu einem ›epistemischen Ding‹ verfestigen kann (Rheinberger 2002: 78), werden erst Studien zu zukünftigen Figurationen monströser Mutterschaft offenlegen können.

Dieser Beitrag hat ein peer review-*Verfahren mit* double blind-*Standard durchlaufen.*

30 Latour unterscheidet zwischen »matters of fact« und »matters of concern«, wobei letztere den größten Teil der Wirklichkeit überhaupt erst ausmachen, während die Dinge als »Tatsachen« nur einen kleinen, sehr partiellen Ausschnitt dieser Wirklichkeit bezeichnen. ›Dinge‹ seien daher sowohl Objekte ›da draußen‹ als auch Dinge mit einem ›Anliegen da drinnen‹, die schließlich in einem »Assoziationsgewebe« von institutionellen, technischen, aber auch affektiven Techniken und Verfahren zusammenwirken.

Literatur

BEBEL, August (1879): *Die Frau und der Sozialismus*, Zürich-Hottingen: Verlag der Volksbuchhandlung.

BRAIDOTTI, Rosi (1994): *Nomadic Subjects: Embodiment and Sexual Difference in Contemporary Feminist Theory*, New York: Columbia University Press.

BRAIDOTTI, Rosi (2006): *Transposition: On nomadic ethics*, Cambridge: Polity Press.

CANGUILHEM, Georges (1974): *Das Normale und das Pathologische*, München: Hanser.

CANGUILHEM, Georges (1979): *Wissenschaftsgeschichte und Epistemologie. Gesammelte Aufsätze*, Frankfurt/Main: Suhrkamp.

CREED, Barbara (1993): *The Monstrous-Feminine: Film, Feminism, Psychoanalysis*, New York: Routledge.

DICK-READ, Grantly (2006 [1942]): *Childbirth without fear: The Principles and Practices of Natural Childbirth*, London: Polinger in Print.

DONATH, Orna (2015): »Regrettingmotherhood: A Socio-political Analysis«. In: *Signs. Journal of Women in Culture and Society* 40: 2, 343-367.

DONATH, Orna (2016): *#regrettingmotherhood. Wenn Mütter bereuen*, München: Knaus.

DORNHOF, Dorothea (2005): *Orte des Wissens im Verborgenen. Kulturhistorische Studien zu Herrschaftsbereichen des Dämonischen*, Königstein/Taunus: Helmer.

DOYLE, Julie/O'RIORDAN, Kate (2002): »Virtually Visible. Female Cyberbodies and the Medical Imagination«. In: Reload: *Rethinking Women and Cyberculture*, hg. v. Mary Flanagan/Austin Booth, Cambridge/Massachusetts: The MIT Press, 239-260.

DUDEN, Barbara (1991): *Der Frauenleib als öffentlicher Ort. Vom Missbrauch des Begriffs Leben*, München: Luchterhand.

DUDEN, Barbara/SCHLUMBOHM, Jürgen/VEIT, Patrice (Hg.) (2002): *Geschichte des Ungeborenen. Erfahrungs- und Wissenschaftsgeschichte der Schwangerschaft*, Göttingen: Vandenhoeck & Ruprecht.

FEDERICI, Silvia (2009): *Caliban and the Witch: Women, the body and primitive accumulation*, New York: Autonomedia.

FICHTEL, Folker (2006): *Die anatomische Illustration der frühen Neuzeit*, Frankfurt/Main: Mabuse.

FOUCAULT, Michel (1974): *Die Ordnung der Dinge. Eine Archäologie der Humanwissenschaften*, Frankfurt/Main: Suhrkamp.

FOUCAULT, Michel (2003a): *Die Anormalen. Vorlesungen am Collège de France (1974–1975)*, Frankfurt/Main: Suhrkamp.

FOUCAULT, Michel (2003b): *Schriften in vier Bänden, Band III 1976–1979*, Frankfurt/Main: Suhrkamp.

GEIER, Andrea/KOCHER, Ursula (2008): *Wider die Frau. Zur Geschichte und Funktion misogyner Rede*, Köln: Böhlau.

GÉLIS, Jacques (1989): *Die Geburt. Volksglaube, Rituale und Praktiken von 1500-1900*, München: Diederichs.

GERHARD, Ute (2009): *Frauenbewegung und Feminismus. Eine Geschichte seit 1789*, München: Beck.

GWOZDZ, Patricia A. (2016): *Homo academicus goes Pop. Zur Kritik der Life Sciences in Populärwissenschaft und Literatur*, Weilerswist: Velbrück Wissenschaft.

HACKENBROCH, Veronika (2009): »Invasion der kindlichen Zellen«. In: *Der Spiegel* 2009, 4, 114f.

HANSON, Clare (2004): *A cultural history of pregnancy: Pregnancy, Medicine and Culture, 1750-2000*, New York: Palgrave Macmillan.

HASLEM, Lori Schroeder (2011): »Monstrous Issues: The Uterus as Riddle in Early Modern Medical Texts«. In: *The Female Body in Medicine and Literature*, hg. v. Andrew Mengham/Greta Depledge, Liverpool: University Press, 34-50.

HEIM, Tino (2014): *Metamorphosen des Kapitals. Kapitalistische Vergesellschaftung und Perspektiven einer kritischen Sozialwissenschaft nach Marx, Foucault und Bourdieu*, Bielefeld: transcript.

KREUTER, Alma (1996): *Deutschsprachige Neurologen und Psychiater. Ein biographisch-bibliographisches Lexikon von den Vorläufern bis zur Mitte des 20. Jahrhunderts, Bd. 1 Albersdorff bis Gutzmann,* München u.a.: Saur.

LATOUR, Bruno (2007): *Das Elend der Kritik. Vom Krieg um Fakten zu Dingen von Belang*, Berlin, Zürich: Diaphanes.

LEMKE, Thomas (2007): *Gouvernementalität und Biopolitik*, Wiesbaden: VS Verlag.

LONGO, Lawrence D./REYNOLDS, Lawrence P. (2016): *Wombs with a view: Illustrations of the Gravid Uterus from the Renaissance through the Nineteenth Century*, Cham: Springer International Publishing.

LOWRY, Phil J. (2008): »The Placenta is Simply a Neuroendocrine Parasite«. In: *Journal of Neuroendocrinology* 20: 6, 700-704.

MARLAND, Hilary (2004): *Dangerous Motherhood: Insanity and Childbirth in Victorian Britain*, New York: Palgrave Macmillan.

MARTIN, Emily (2001): *The Woman in the Body: A cultural Analysis of Reproduction*, Boston: Beacon Press.

MARX, Karl (1962 [1867]): *Das Kapital. Kritik der politischen Ökonomie. Erster Band: Der Produktionsprozeß des Kapitals.* In: Ders./Friedrich Engels: *Werke* (MEW), hg. v. Institut für Marxismus-Leninismus beim ZK der SED, Bd. 23, Berlin: Dietz.

MCNALLY, David (2011): *Monsters of the Market: Zombies, Vampires and Global Capitalism*, Leiden, Boston: Brill.

MENDEL, Iris/RUCK, Nora (2009): »Das Monster als verkörperte Differenz in der Moderne: De-Monstrationen feministischer Wissenschaftskritik«. In: *Von Monstern und Menschen. Begegnungen der anderen Art in kulturwissenschaftlicher Perspektive*, hg. v. Gunther Gebhard/Oliver Geister/Steffen Schröter, Bielefeld: transcript, 117-136.

MENGHAM, Andrew/DEPLEDGE, Greta (2011): *The Female Body in Medicine and Literature*, Liverpool: University Press.

MÖBIUS, P.J. (1903): *Der physiologische Schwachsinn des Weibes*, Halle: Maihold.

NUSSER, Tanja (2011): *»wie sonst das Zeugen Mode war«. Reproduktionstechnologien in Literatur und Film*, Freiburg: Rombach.

OVERTHUN, Rasmus (2009): »Das Monströse und das Normale. Konstellationen einer Ästhetik des Monströsen«. In: *Monströse Ordnungen. Zur Typologie und Ästhetik des Anormalen*, hg. v. Achim Geisenhanslüke/Georg Mein, Bielefeld: transcript, 43-80.

RHEINBERGER, Hans-Jörg (2002): *Experimentalsysteme und epistemische Dinge. Eine Geschichte der Proteinsysteme im Reagenzglas*, Göttingen: Wallstein.

ROELKE, Volker (1999): *Krankheit und Kulturkritik. Psychiatrische Gesellschaftsdeutungen im bürgerlichen Zeitalter (1790-1914)*, Frankfurt/Main, New York: Campus.

SARASIN, Philipp (2001): *Reizbare Maschinen. Eine Geschichte des Körpers 1765-1914*, Frankfurt/Main: Suhrkamp.

SCHLUMBOHM, Jürgen (2012): *Lebendige Phantome. Ein Entbindungshospital und seine Patientinnen 1751-1830*, Göttingen: Wallstein.

SCHLUMBOHM, Jürgen et al. (Hg.) (1998): *Rituale der Geburt. Eine Kulturgeschichte*, München: Beck.

SCHMERSAHL, Katrin (1998): *Medizin und Geschlecht. Zur Konstruktion der Kategorie Geschlecht im medizinischen Diskurs des 19. Jahrhunderts*, Opladen: Leske & Budrich.

STAFFORD, Barbara (1993): *Body-criticism. Imaging the Unseen in Enlightenment Art and Medicine*, Cambridge/Massachusetts: The MIT Press.

STAHNISCH, Frank/STEGER, Florian (Hg.) (2005): *Medizin, Geschichte und Geschlecht: körperhistorische Rekonstruktionen von Identitäten und Differenzen*, Wiesbaden: Franz Steiner.

STEINBERG, Holger (2005): *Als ob ich zu einer steinernen Wand spräche. Der Nervenarzt Paul Julius Möbius. Eine Werkbiographie*, Bern: Hans Huber.

VINKEN, Barbara (2001): *Die deutsche Mutter. Der lange Schatten eines Mythos*, München, Zürich: Piper.

Abbildungsnachweise

Abb. 1: D'Agoty, Jacques-Fabien Gautier (1773): *Anatomie des parties de la génération de l'homme et de la femme*, plate VII and VIII (= 4th folding plate): Woman and baby, uterus open with another female above, Paris: J. B. Brunet, Demonville. Gedruckt mit Erlaubnis der Wellcome Library, London.

Abb. 2: Hunter, William (1774): *Anatomia uteri humani gravidi tabulis illustrata. The Anatomy of the human gravid uterus exhibited in figures,* table VI: The child in the womb, in its natural situation, Birmingham: J. Baskerville u.a. Gedruckt mit Erlaubnis der University of Glasgow Library, Special Collections

Die Monstrosität der Geschichte. Don DeLillos Dekonstruktion des Kennedy-Attentats

Tobias Gnüchtel

Ist Lee Harvey Oswald, der höchstwahrscheinlich am 22. November 1963 in Dallas den amerikanischen Präsidenten John F. Kennedy mit drei Schüssen aus einem Fenster des fünften Stockwerks des Texas School Book Depository erschoss, ein Monster? Und falls ja, lässt er sich sogar als kapitalismusspezifisches Monster explizieren? Folgt man dem offiziellen Narrativ, gewissermaßen kodifiziert durch die 26 Bände des Reports der Warren Commission von 1964, so scheint mir die Antwort ›ja‹ zu sein, jedenfalls dann, wenn man eine bestimmte begriffsgeschichtliche Dimension des Monströsen zugrunde legt: Das ›Monster‹ hat seinen etymologischen Ursprung bekanntlich im ›Mahnen‹, ›Warnen‹ und ›Zeigen‹ (lat. *monere*; *monstrare*) und bezeichnete in religiösen Kontexten des Mittelalters ein Mahnzeichen für die Gefahren der Abweichung vom rechten Glauben (vgl. Kluge 1995: 568). Diese Verweisungsrelation tritt spätestens ab der Frühen Neuzeit als zentraler Bestandteil des Monster-Begriffs zurück,[1] und die *Abweichung* – sei sie eine des moralisch-gesellschaftlichen Verhaltens (das »Sittenmonster«, vgl. Foucault 2007 [1975]: 108) oder eine körperlich-physische (das »Körpermonster«, vgl. Brittnacher 1994: 183) – rückt in der jüngeren Begriffsgeschichte in den Vordergrund. Der *Warren Report* präsentiert nun, in Ermangelung eines Geständnisses oder einer eindeutigen Indizienkette, mit Oswald ein Individuum, das durch eine Unzahl von gesellschaftlichen Abweichungen gekennzeichnet und damit potentiell monströs ist, auch wenn der ›Monster‹-Begriff in dem nicht fällt.[2] Oswald ist ein Außenseiter und ungeselliger Einzelgänger mit erratischer Vita und lebt zeitlebens in prekären finanziellen Verhältnissen; zudem ist er nicht nur

1 So steht sie schon in der Diskussion des ›Monsters‹ in Lockes *Essay Concerning Human Understanding* nicht mehr im Vordergrund (Locke 1979: 569). Wobei die ›mahnende‹ Komponente nie ganz verschwindet. Bis heute werden ›Monster‹ in diesem Sinne instrumentalisiert und überhaupt erst evoziert. Man denke an die gegenwärtige politische Debatte um männliche Geflüchtete und Migranten und ihre Monstrifizierung als »Rapefugees«.

2 Insbesondere, wenn man Michel Foucaults Diktum, das Monströse sei »das große Modell der kleinen Abweichungen« (Foucault 2007 [1975]: 78), bedenkt. Das ›Monströse‹ ist also im Weiteren als eine Analysekategorie zu verstehen und nicht als historischer Quellenbegriff.

urn:nbn:de:hbz:6:3-zfk-2017-20589

Kommunist, sondern auch ein aus der Sowjetunion zurückgekehrter Überläufer. Daran wird deutlich, dass der Oswald, den der *Warren Report* zeichnet, eine prototypische kapitalistische Monsterfigur des Kalten Krieges ist: der kommunistische Staatsfeind. Der unausgesprochene Subtext dabei ist eine reziproke Monstrosität, denn für Oswald ist wiederum das ausbeutende kapitalistische System monströs und dessen Stellvertreter schlechthin: der amerikanische Präsident.[3] Der *Warren Report* versucht nicht, das Attentat aufzuklären, er versucht, Oswald zu überführen, indem er seine Monstrosität suggeriert. Nicht, wie man es erwarten könnte, durch eine konduktive Reihe an Indizien, sondern durch eine biographisch-psychologische Argumentation: Die Hauptbeweislast wird Oswalds Biographie und deren Devianzen aufgebürdet.[4]

Nun ist bekanntlich die *lone gunman*-Hypothese des *Warren Reports* außerordentlich umstritten und der kulturelle Stellenwert des Kennedy-Attentats auch darauf zurückzuführen, dass das von der Warren Commission perpetuierte Bild so unbefriedigend ist. Die Myriaden von Büchern, seien sie historisch, wissenschaftlich oder verschwörungstheoretisch,[5] die zahllosen Filme, beginnend bei den berühmten, geradezu ikonisch gewordenen Originalaufnahmen von Abraham Zapruder, über Oliver Stones *JFK* bis hin zu *Parkland* von 2013, sowie die unzähligen literarischen

3 Michel Foucault bestimmt das Monster, wie es im 18. Jahrhundert Gegenstand von Diskursen werden kann, als genau durch diese Doppelstruktur geprägt. Das »hervorstechendste Monster« ist »der politisch Kriminelle« (Foucault 2007 [1975]: 124), das »erste Monster« hingegen, »ist der König« (127). Der politisch Kriminelle, weil er »den Gesellschaftsvertrag in gewisser Weise von unten bricht« (133), der Souverän, weil er grundsätzlich außerhalb des Gesellschaftsvertrages steht. So zeigt sich im Monster die »grundlegend[e] Verwandtschaft zwischen dem Kriminellen und dem Tyrannen, zwischen dem Rechtsverbrecher und dem despotischen Monarchen« (124). Dies ist genau die Figur der reziproken Monstrosität, die sich in die offiziellen Narrative über Oswald und das Kennedy-Attentat einschreibt.

4 So verzeichnet das für die Argumentation des *Warren Reports* zentrale siebte Kapitel »Lee Harvey Oswald: Background and Possible Motives« eine lange Reihe an eigentlich insignifikanten Kleinstdevianzen, die kumulativ Überzeugungskraft gewinnen sollen: »His life was characterized by isolation, frustration, and failure. He had very few, if any, close relationships with other people and he appeared to have great difficulty in finding a meaningful place in the world. He was never satisfied with anything« (Warren Commission 1964a: 375f.). »[H]e refused to play with the other children his own age« (378). »He began to stay away from school, preferring to read magazines and watch television at home by himself« (379). »Dr. Hartogs did find Oswald to be a tense, withdrawn, and evasive boy who intensely disliked talking about himself and his feelings. He noted that Lee liked to give the impression that he did not care for other people but preferred to keep to himself, so that he was not bothered and did not have to make the effort of communicating« (379). »He had refused to salute the flag and was doing very little, if any, work« (381). Die Abweichungsbiographie ist dabei durch die Textspur, die das Durchlaufen mehrerer Disziplinarinstitutionen hinterlassen hat, außerordentlich gut dokumentiert und lädt förmlich dazu ein, aus der Perspektive der disziplinartheoretischen Schriften Michel Foucaults betrachtet zu werden, wie es Jonathan Simon sehr überzeugend getan hat (Simon 1998). Vgl. dazu auch Horn 2007: 426f.

5 Die populärsten Bücher – allesamt Bestseller – bewegen sich dabei in einer interessanten Grauzone aus investigativem Journalismus, Geschichtswissenschaft und Verschwörungstheorie. Vgl. vor allem Epstein 1966; Lane 1966; Summers 1981; Garrison 1988 (die Hauptquelle für Oliver Stones *JFK*); Scott 1993.

Bearbeitungen zeugen von der anhaltenden Faszinationskraft des Mysteriums und dem hermeneutischen Begehren, das das Attentat bis heute auslöst. J. G. Ballard (2001), Norman Mailer (2007), Don DeLillo (1988) und nicht zuletzt Stephen King (2012) haben dem Attentat und insbesondere Lee Harvey Oswald Bücher gewidmet. Mailer bezeichnet das Attentat als »our own largest American mystery« (Mailer 2007: 353) und DeLillos Erzähler fasst es pointiert als »the seven seconds that broke the back of the American century« (DeLillo 2006 [1988]: 181)[6] zusammen. Unter den literarischen Bearbeitungen des Kennedy-Attentats sticht DeLillos *Libra* von 1988 besonders heraus, da der Roman, im Gegensatz zur üblichen Vorgehensweise, weder versucht, Oswalds (monströse) Psyche zu ergründen, noch das Mysterium aufzuklären oder einen (oder mehrere) Täter zu präsentieren. *Libra* ist stattdessen einerseits, wie Eva Horn treffend sagt, eine Reflexion über die »epistemische Bodenlosigkeit« des Kennedy-Attentats selbst (Horn 2007: 421), andererseits eine Experimentalanordnung im Spannungsfeld von Determination und Kontingenz, in der die potentielle Monstrosität Lee Harvey Oswalds quer zu den großen Ordnungssystemen Kapitalismus und Kommunismus dekonstruiert wird. Dabei tritt, wie ich zeigen werde, schließlich eine bestimmte Monstrosität der Geschichte hervor, indem weder die Handlungen und Motivationen der historischen Akteure, noch die Kette der historischen Ereignisse die Faktizität der Ermordung John F. Kennedys mit kausaler Notwendigkeit determinieren. Dies erreicht der Roman durch die Verknüpfung dreier Ebenen, die ich im Weiteren näher untersuchen möchte und die meine Ausführungen gliedern werden: 1. Oswalds Biographie, 2. die vergeblichen Bemühungen einer Archivar-Figur, die ›einsamen‹ Fakten rund um das Attentat zu entwirren, und 3. die Verschwörung, die hinter dem Attentat steht und die Oswald als Monster instrumentalisiert.[7]

6 Zitate aus DeLillos *Libra* werden im Weiteren durch Seitenzahlen in Klammern im Fließtext angegeben.

7 Zwei naheliegende und sehr berechtigte Perspektiven werde ich dabei – vor allem aus Platzgründen – nur am Rande berühren: 1) die literaturgeschichtliche Verortung *Libras* innerhalb dessen, was man den ›postmodernen Roman‹ nennt, sowie seines Subgenres, das man nach Linda Hutcheon als *historiographic metafiction* bezeichnet (vgl. Hutcheon 1989) – dieses Feld ist in Bezug auf *Libra* einerseits sehr gut erforscht (vgl. z.B. Carmichael 1993; Johnston 1994; Thomas 1997; Parrish 2000; Herbert 2010); 2) die werk- und motivgeschichtliche Einordnung *Libras* innerhalb der Texte DeLillos. Es sei an dieser Stelle nur auf die zentrale Rolle des Kennedy-Attentats für DeLillos Schreiben hingewiesen. Schon in seinem Erstlingsroman *Americana* (DeLillo 1990 [1971]) lässt DeLillo seinen Protagonisten am Ende die Fahrt über die Dealey Plaza wiederholen und in *Underworld* (DeLillo 1997) läuft der Zapruder-Film des Attentats in einer Ausstellung. Auf die Interview-Frage »Do you feel you could have invented it [das Kennedy-Attentat, TG] if it hadn't happened?« antwortet DeLillo: »Maybe it invented me. […] So it's possible I wouldn't have become the kind of writer I am if it weren't for the assassination« (DeCurtis 1990: 285f.).

1. Die Null im System – Lee Harvey Oswalds Biographie

Der Roman erzählt Oswalds Lebensgeschichte chronologisch und topographisch nach seinen Lebensstationen, ohne nennenswert von den bekannten – wenn auch widersprüchlichen – Fakten abzuweichen.[8] Die erste Station bilden die Jugendjahre in der Bronx, wo Oswald nur wenige Straßen von Trotzkis Aufenthaltsort im Jahr 1917 entfernt wohnt – eine der zahllosen Koinzidenzen, die fast alle Fakten um die Kennedy-Ermordung durchziehen und die in *Libra* auch extradiegetisch auf der Ebene der Erzählinstanz sowie intradiegetisch auf Figurenebene ununterbrochen thematisiert und ausgekostet werden. Es folgt ein erster Aufenthalt in New Orleans, der Militärdienst in Atsugi, Japan, im Kalten Krieg ein wichtiger Stützpunkt der US Air Force, von dem aus U2-Flugzeuge ihre Aufklärungsflüge über sowjetischem Gebiet starteten; danach Fort Worth, natürlich das Überlaufen in die Sowjetunion 1959 mit den Stationen Moskau und Minsk, wo Oswald in einer Radio-Fabrik arbeitet und seine zukünftige Frau Marina kennenlernt. Nach der erstaunlich reibungslosen Rückkehr in die USA, die Verschwörungstheoretiker bis heute als einen Beleg dafür ansehen, das Attentat wäre eine CIA-Operation gewesen, hält sich Oswald wiederum in Fort Worth auf. Es folgt der erste längere Aufenthalt in Dallas, wo Oswald höchstwahrscheinlich am 10. April 1963 einen Anschlag auf den populären rechtsextremistischen General Edwin Walker verübt, mit dem legendären Mannlicher-Carcano-Gewehr, aus dem auch die Schüsse auf Kennedy abgegeben worden sein sollen. Auf einen zweiten Aufenthalt in New Orleans folgt ein Besuch in Mexico City – dort beantragt Oswald ein Visum für Kuba –, bevor er, wiederum in Dallas, am 15. Oktober 1963 die Stelle als Lagerist im Texas Schoolbook Depository antritt, vor dessen Fenstern wenige Wochen später die *presidential motorcade* vorbeifahren wird. Über all diese Stationen hinweg lebt Oswald in prekären wirtschaftlichen Verhältnissen und bleibt sein Leben lang zu arm, um ein ernsthafter Konsument zu sein. DeLillo lässt ihn sagen: »they're always trying to sell you something. Everything is based on forcing people to buy. If you can't buy what they're selling, you're a zero in the system« (40). Oswald stellt fest, außerhalb des kapitalistischen Warenverkehrs eine »Null« zu sein, also eine Unbestimmtheit, eine Leerstelle, gewissermaßen eine irrationale Zahl innerhalb der Figurenkonstellation, an der sich eine Handlungstendenz stets nur unzureichend ablesen lässt. Sogar als Attentäter bleibt er ein unberechenbarer Konsument. Per Mailorder bestellt er für knapp 20 Dollar ein obskures italienisches Militärgewehr aus den 1940er-Jahren, mutmaßlich ausreichend für eine Scharfschützen-Meisterleistung auf ein bewegtes Ziel.

Indem DeLillo Oswalds Biographie aus dessen Perspektive schildert, verliert sie die Monstrosität, die das offizielle Narrativ des *Warren Reports* konstruiert: Sie bleibt zwar abweichend und erratisch, auch für Oswald selbst, ordnet sich aber nicht zu einem stimmigen Narrativ des monströsen Attentäters. Ihre eigentümliche Logik zeichnet sich dadurch aus, dass die unwahrscheinlich aufeinander folgenden und nicht kausal miteinander verknüpften Lebensstationen nicht teleologisch auf das Attentat zulaufen, sondern dieses vielmehr rückblickend die Biographie abrundet und Oswalds Lebensweg erst im

8 DeLillos Hauptquelle bleibt dabei vor allem der *Warren Report* (Warren Commission 1964a).

Nachhinein einen Sinn und einen Zusammenhang verleiht, auf den sich die jeweiligen Stationen beziehen lassen, die sonst unvereinbar nebeneinander stünden. Das Attentat macht eine krude Biographie zu einem oberflächlich stimmigen Narrativ. Nicht zuletzt – so suggeriert es der Roman – auch für Oswald selbst. In diesem Sinne lässt DeLillo David Ferrie, eine der notorischen Gestalten aller JFK-Verschwörungstheorien, bei Oliver Stone von Joe Pesci gespielt, zu Oswald sagen: »Think of two parallel lines [...]. One is the life of Lee H. Oswald. One is the conspiracy to kill the president. What bridges the space between them? What makes a connection inevitable? There is a third line« (339). Diese dritte Linie gilt es weiterzuverfolgen.

2. Einsame Fakten – Das monströse Archiv

Im zweiten größeren narrativen Strang von *Libra* wird der private, biographische Oswald mit dem ›offiziellen‹ des *Warren Reports* und dem empirischen Oswald, der im Zusammenspiel der verwickelten, widersprüchlichen Fakten rund um das Attentat entsteht, kontrastiert. Dazu installiert DeLillo eine fiktive Archivar-Figur, den Historiker Nicholas Branch, von der CIA beauftragt, *alle* Daten und Fakten rund um das Attentat erneut und endgültig zu durchleuchten, der aber nie dazu kommt, auch nur eine Zeile zu schreiben, da die Informationsquellen, Fakten und Artefakte, die ihm die CIA schickt, nie versiegen und mit der Zeit immer grotesker werden: von einer Schamhaarprobe Oswalds über Exposés von den Träumen aller Zeugen vom Dealey Plaza, den Zahnarztakten von Jack Rubys Mutter bis hin zu 400-seitigen Studien über die Analogien zwischen dem Kennedy-Attentat und der Ermordung Lincolns: »Everything is here« (181), »The stuff keeps coming« (378, 441), heißt es mehrfach, und: »Branch must study everything. He is in too deep to be selective« (59).

Vor allem in Bezug auf Oswald ist die Datenlage problematisch. Es gibt gleichzeitig zu viel und zu wenig Informationen über ihn und die Daten, die es gibt, scheinen sich zu widersprechen: Schon als Schüler wird er wenige Tage, nachdem er Klassenerster im Lesen wird, Letzter im Schreiben. Eine Figur, die sich später wiederholt, als im Lichte der Ermittlungen der Warren Commission völlig widersprüchliche Intelligenztest-Ergebnisse aus Oswalds Militärzeit sowie Ergebnisse beim Schießtraining, die zwischen Scharfschütze und totaler Niete rangieren, ans Licht kommen.

Während also der erste biographische Strang des Romans Oswalds Biographie aus dessen Perspektive schildert, übernimmt der Archivar-Strang eine scheinbar objektive: Es werden die Fakten untersucht, die sich bei genauerem Hinsehen alle als problematisch und widersprüchlich erweisen. Das Monster Oswald scheint sich umso mehr aufzulösen, je genauer man hinschaut. Ohne nennenswerte schulische Bildung liest er sich durch das ganze linke Literaturspektrum – wobei die Aussagen auseinandergehen, ob er Marx, Engels, Lenin und Trotzki liest oder obskure linke Propagandablättchen. Er tritt schon früh aggressiv und ostentativ als Kommunist auf, schließt sich aber, sobald er alt genug ist, den *marines* an. Als würde es nicht reichen, auf dem Höhepunkt des Kalten Krieges bekennender Kommunist zu sein, läuft er 1959 in die Sowjetunion über, lebt drei Jahre in Moskau und Minsk, um dann mit Frau und Kind Anfang 1963 wieder in die USA zurückzukehren.[9]

In New Orleans verteilt er *Pro*-Castro-Flugblätter, die er in einem Büro druckt, das zwei Adressen und zwei Eingänge zu verschiedenen Straßen besitzt und hinter dessen zweiter Adresse sich das Hauptquartier der von ehemaligen FBI-Agenten geleiteten *Anti*-Castro-Bewegung von New Orleans verbirgt. Während er eigentlich in Mexiko dabei ist, ein Visum für die Einreise nach Kuba zu beantragen, wird er einige Male an verschiedenen Orten rund um Dallas gesehen, wo er versucht, Autos zu mieten, Waffen zu kaufen und lautstark verkündet, er sei ein Kommunist und Kennedy gehöre erschossen. Obwohl er sich zum fraglichen Zeitpunkt nachweislich in Mexiko aufhält, ist auf einem Foto, das ihn beim Betreten der amerikanischen Botschaft zeigen soll, jemand völlig anderes abgelichtet. Überhaupt scheint er auf jedem Foto anders auszusehen: Seine Augenfarbe wird mal als grau, mal als braun, mal als blau verzeichnet. Dazu kommt das Netz endloser Zufälle, die Zusammenhänge evozieren, die bedeutsam erscheinen, aber ins Nichts führen. Beispielhaft sei darauf verwiesen, dass der schon erwähnte rechtsextreme Populist General Edwin Walker, Sympathisant der John Birch Society, auf den Oswald im April 1963 schießt (und den er vom Vorgarten aus nicht in seinem wenige Meter entfernten Wohnzimmer trifft), zum Kennedy-Besuch im November 5000 Flyer mit dem Aufdruck »Kennedy-Wanted for Treason« in Dallas verteilen lässt.[10] Eine von vielen Koinzidenzen, die im Überangebot an scheinbar signifikanten, aber letztlich nutzlosen Fakten untergeht. Der Archivar bezeichnet dieses Dickicht an Zufällen als einen Resonanzraum (58). Die Fakten fügen sich nicht zusammen, aber sie resonieren und oszillieren. Sie scheinen miteinander zu kommunizieren, aber sie sind nicht entzifferbar. Aus der Perspektive des Historikers ist diese Datenlage monströs: einerseits in Bezug auf Oswald, da sich nicht klären lässt, welche der widersprechenden Informationen zutreffend und welche falsch oder fingiert sind, andererseits lässt sich kein Kriterium für die Signifikanz und Relevanz der sich immer weiter vermehrenden, wuchernden Daten finden. Da sich aus dem vorliegenden Material keine eindeutigen Kausalitäten konstruieren lassen, bleibt nur das hilflose und unabschließbare Sammeln von Informationen.[11]

Aus dieser Außenperspektive des Archivars scheint sich Oswald in ein Netz von Widersprüchen aufzulösen. Auf der Ebene der Fakten gibt es kein Monster mehr, sondern nur noch ein monströses Archiv. »Facts are lonely things« (300), konstatiert der Archivar in Anbetracht dieser widersprüchlichen Faktenlage, einsam wie Oswald, die »Null« im System.

9 Als Grund führt Oswald in seinem Tagebuch an: »No nightclubs or bowling alleys, no places of recreation except the trade union dances. I have had enough« (Warren Commission 1964b: 102).

10 Das bedeutet auch, dass Oswalds erster, gescheiterter Anschlag einem extremen Kennedy-*Gegner* gegolten hat.

11 An dieser Stelle wird natürlich der literaturgeschichtliche Kontext des ›postmodernen Romans‹ und dessen Subgenre *historiographic metafiction* virulent. Es ist sicherlich richtig, dass *Libra* die Unmöglichkeit synthetisierender Metanarrative vorführt und geradezu ausstellt. Mehr als diese Globalthese interessiert mich aber, wie DeLillos Roman konkret verfährt. Denn der Roman trägt diese Absage nicht, sozusagen als zeit- und genrespezifische *default*-Einstellung, an das historische Material heran, sondern entwickelt sie sehr sorgfältig aus diesem selbst.

3. Dezentrale Intelligenz – Die Verschwörung

Der letzte, entscheidende Erzählstrang von DeLillos Roman bringt die bisherigen Perspektiven – die biographische, primär auf Oswald fokalisierte und die objektive Außenperspektive – jedoch wieder zusammen. Denn gegen Oswalds Lebensgeschichte und die Kakophonie der Fakten werden mehrere Ereignisse aus dem Jahr 1963 geschnitten. Diese Kapitel erzählen die Geschichte einer Verschwörung, womit sich DeLillo gegen die offizielle *lone gunman*-These entscheidet. Bei ihm gibt es einen zweiten Schützen, der hinter dem Lattenzaun auf dem *grassy knoll* steht und die tödlichen Schüsse abfeuert. Das Entscheidende ist jedoch nicht, *wer* diese Person ist: »He is simply the man who stands in the blank space« (vii), heißt es in DeLillos Vorwort.

Zu Beginn steht bei DeLillo eine Verschwörung, deren Ausgangspunkt das symbolische Datum des 17. April 1963 ist, der zweite Jahrestag der *bay of pigs invasion*. Ihr Kern besteht aus drei CIA-Agenten, die Teil des Planungsteams der Schweinebucht-Invasion waren und Spezialisten für Attentatsszenarien sind, darunter vor allem die Ermordung Fidel Castros, des charismatischen Revolutionärs direkt vor der amerikanischen Küste – eine weitere Monsterfigur des amerikanischen Kapitalismus in der Hochzeit des Kalten Krieges.

Die Schweinebucht-Invasion, noch unter Eisenhower von der CIA geplant, hatte zum Ziel, eine vermeintliche Gegenrevolution zu inszenieren, um Castro abzusetzen, wozu eine von der CIA ausgebildete Einheit aus Exilkubanern am 17. April 1961 in der *bay of pigs* landete. Sie sollte eine Flugpiste sichern, um auf ihr eine Exilregierung einzufliegen, auf deren fingierten »Hilferuf« dann amerikanische Streitkräfte auf Kuba landen sollten. Da es nicht gelang, die Piste zu halten, sah Kennedy, damals 90 Tage im Amt, von einer Intervention offizieller amerikanischer Truppen ab, die Invasion scheiterte.

Die drei Konspiratoren in DeLillos Roman, die nicht zuletzt auch Geschäftsinteressen auf Kuba haben, sind nach dem Scheitern der Invasion auf periphere Außenstellen versetzt,[12] halten jedoch immer noch regelmäßige konspirative Treffen ab, deren Ziel eine zweite, diesmal hoffentlich erfolgreiche Invasion Kubas ist. Doch dazu braucht es angesichts der Versöhnungspolitik Kennedys gegenüber Kuba und der angespannten öffentlichen Meinung einen Grund, eine Initialzündung, ein katalysatorisches Ereignis, wie es immer wieder im Buch heißt: »We need an electrifying moment« (27). Sie entwerfen ein scheinbares, fehlschlagendes Attentat auf Kennedy, das eine Rechtfertigung für eine zweite Intervention in Kuba liefern soll: »We couldn't hit Castro. So let's hit Kennedy [...] But we don't hit Kennedy. We miss him« (28).

Dieser Plot benötigt eine Figur, einen Platzhalter und Sündenbock, über den sich das gescheiterte Attentat mit Kuba verbinden lässt, ein Mahnzeichen und Monster, das

12 Auf die Dopplung von Oswald als »zero in the system« und dem peripheren und einflusslosen Status der Verschwörer innerhalb der CIA-Hierarchie weist Skip Willman hin (1998: 411). Berücksichtigt man auch noch den Archivar Branch, wird deutlich, dass alle drei zentralen Akteure des Romans in gewisser Hinsicht durch Ohnmacht und Wirkungslosigkeit ausgezeichnet sind. Dass die Ereignisse trotzdem – oder gerade deshalb – in der Ermordung John F. Kennedys münden, ist ein entscheidender Aspekt von *Libra*, der im Weiteren noch aufgegriffen wird.

eine zweite Intervention mit dem langfristigen Ziel eines Regimewechsels politisch und in der öffentlichen Meinung rechtfertigen soll, wie einer der Verschwörer beschließt:

»Everett had decided he wanted one figure to be slightly more visible than the others, a man the investigation might center on, someone who would be trailed and possibly apprehended. [...] This kind of man, a marksman, near anonymous, with minimal known history, the kind of man who surfaces in murky places, disappears, is arrested for some violent act, is released to drift again, to surface, to disappear«. (50f.)

Diese Figur ist in DeLillos Entwurf einer Verschwörung so zunächst eine Leerstelle, die erst später, als Oswald auf dem Radar der Verschwörer auftaucht, von diesem gefüllt wird. Seine Biographie erfüllt das Anforderungsprofil, er lässt sich der Öffentlichkeit als monströser Attentäter verkaufen. Oswalds Leben muss allerdings erst noch modelliert und feinjustiert werden, ganz im Sinne einer früheren Gestaltungsfantasie des Mitverschwörers Bannister:

»He would put someone together, build an identity, a skein of persuasion and habit, ever so subtle. [....] He would show them the secret symmetries in a nondescript life. [...] An adressbook with ambiguous leads. Photographs expertedly altered (or crudely altered). Letters, travel documents, counterfeit signatures, a history of false names. It would all require a massive decipherment, a conversion to plain text. He envisioned teams of linguists, photoanalysts, fingerprint experts, handwriting experts, experts in hairs and fibers, smudges and blurs. Investigators building up chronologies«. (78)

Die widersprüchlichen Fakten, die sich dem Archivar nicht zu einem Narrativ fügen, erweisen sich im Lichte der Verschwörung als hergestellt und zwar zu einem ganz bestimmten Zweck. Es geht darum, die Authentizität der Figur Oswald durch die gezielte Konstruktion von Unwahrscheinlichkeiten und Ungereimtheiten agnotologisch zu steigern oder wie Everett es ausdrückt: »Create coincidence so bizarre they have to believe it« (147).

Die drei fiktiven Verschwörer, die so das Monster Oswald erschaffen, bleiben dabei in DeLillos Roman generische Platzhalter, Typen statt Figuren, ihre Identität ist kontingent und irrelevant, es könnten auch andere, ähnliche Personen gewesen sein. DeLillo schildert zwar ihr triviales Privatleben, Frauen, Kinder, Familie, *front porch*, aber sie gewinnen dadurch nicht an Kontur, sondern bleiben austauschbar: Irgendjemand hat die Dinge in Bewegung gesetzt, ältere weiße Männer mit CIA-Background und finanziellen Interessen in Kuba, einer Familie, einer Veranda. Sie selbst erscheinen bloß als Produkt der historischen und machtpolitischen Konstellation. Anders als Oliver Stone interessiert sich DeLillo nicht dafür, *wer* hinter der Verschwörung steckt, sondern durch welche Mechanismen sie hervorgebracht wird. Die Dinge nehmen von hier an ihren eigenen Lauf, akteurlos und entropisch auf das Attentat zusteuernd. Die CIA, die *central intelligence* erweist sich dabei als monströser Apparat einer akteurlosen, *de*zentralen Intelligenz: Die Ereignisse im Zusammenspiel mit dem Geheimdienstapparat bringen das monströse Attentat wie von selbst hervor, oder wie es abermals Everett ausdrückt: »Plots carry their own logic. There is a tendency of plots to move towards death« (221).

Verantwortungen werden delegiert, Entscheidungen ausgelagert, auf der nächsten Ausführungsebene wird nichts von den Intentionen und Motiven der höheren Ebene gewusst, diese wiederum hat keinen Kontakt mehr zu den ausführenden Organen auf der nächsten Ebene. »Too many people, too many levels of plotting« (304), heißt es einmal. Telefongespräche laufen kafkaesk ins Leere, statt Kommunikation und gezielter Planung bleibt Rauschen. Der Plot ist autopoietisch geworden, ja war es vielleicht sogar von Beginn an.[13] Eine Art mörderische Stille Post nimmt ihren Lauf, immer weitere Beteiligte werden rekrutiert, die Information, dass es sich nur um ein scheinbares Attentat handeln soll, sowie die ursprüngliche Motivation des Plots versanden und verlieren sich im Getriebe der immer weiter delegierten Planung. Entgegen dem offiziellen Narrativ, das mit der *lone gunman*-Hypothese einen Zweikampf zwischen Attentäter und Präsident kreiert, entwirft DeLillo in *Libra* eine Art Hydra, die hinter dem Attentat steht, ein Monster mit vielen Köpfen, das kopflos agiert.

Außer dem professionellen Attentäter, der schon erwähnten Archivar-Figur und den Verschwörern bleibt DeLillo bei den Fakten und dem historischen Personal. Die einzigen fiktiven Figuren sind nur »someone who stand[] in the blank space«. Die Dinge sind in Gang gesetzt, jetzt kann alles das zusammenspielen, was man hinlänglich kennt, spätestens seit Oliver Stones *JFK*. Alle bekannten, mehr oder weniger skurrilen historischen Gestalten aus dem Umfeld des Attentats haben ihren Auftritt: der Ex-CIA-Anti-Castro-Aktivist Guy Bannister, der ehemalige Pilot David Ferrie, der schillernde Geschäftsmann George de Mohrenschild – die einzige notorische Figur rund um das Kennedy-Attentat, die Kennedy und Oswald mehr als fünf Jahre überleben wird – und natürlich der Nachtclubbesitzer Jack Ruby, der Oswald zwei Tage nach dem Attentat live im Fernsehen erschießt.

Am Ende stehen das Attentat und ein einsamer Oswald, der im 6. Stock des Texas School Book Depository am Fenster steht und nach zwei von ihm selbst abgefeuerten Schüssen den tödlichen dritten beobachtet, abgegeben vom gegenüberliegenden *grassy knoll*. Was übrig bleibt, ist das von den Verschwörern konstruierte Monster, das die Macht über die eigene Biographie und das eigene Handeln verloren hat, alleingelassen in einem Strudel aus Ambiguitäten und geradezu unfassbaren Zufällen. Hier findet sich schließlich die dritte Linie, von der DeLillo David Ferrie gegenüber Oswald sprechen lässt:

> »Think of two parallel lines […]. One is the life of Lee H. Oswald. One is the conspiracy to kill the president. What bridges the space between them? What makes a connection inevitable? There is a third line. It comes out of dreams, visions, intuitions, prayers, out of the deepest level of the self. It's not generated by cause and effect like the other two lines. It's a line that cuts across causality, cuts across time. It has no history that we can recognize or understand. But it forces a connection. It puts a man on the path of his destiny«. (339)

---

13 »[T]oo many levels of plotting« kann natürlich auch als poetologische Reflexion verstanden werden: Im Erzählstrang um die Verschwörung reflektiert sich die poetische Arbeit des Romans, der selbst unterschiedliche *levels of plotting* herstellt und sich auf diese Weise an die historischen Ereignisse herantastet.

Diese dritte Linie, die aus zwei disparaten Linien, Oswalds kruder Biographie und dem Verschwörungsplot, *eine* Geschichte macht, die die beiden anderen gewissermaßen aufhebt, wird hier von der Figur Ferrie mit vagen Bildern aus dem semantischen Umfeld des Unbewussten beschrieben. Sie ist DeLillos Roman selbst. DeLillo wählt einen Mittelweg zwischen den beiden populärsten Theorien zum Kennedy-Attentat, dem monströsen *lone gunman* Oswald und der Verschwörung eines ominösen *deep state* unter der Ägide der CIA, und verknüpft diese beiden Diskurstopoi experimentell. Der Roman thematisiert so die Frage der verbindenden Linie einerseits als Technik der Verschwörer, aber zugleich als seine eigene narrative Tätigkeit. Die Verschwörung rückt damit in eine Szenerie relativer, unzureichend bestimmter und begrenzter Akteure, die das historische Ereignis keinesfalls in der Hand halten, sondern gleichsam nur fragmentarisch daran beteiligt sind. Auf diese Weise ›entmonstrifiziert‹ der Roman den offiziellen Oswald durch eine Operation der Defiguration: DeLillos Oswald ist nicht der bewusst und planmäßig handelnde Attentäter, sondern ohne sein Wissen bestimmt von Kräften außer ihm, die jedoch genau so unterdeterminiert und untermotiviert bleiben wie seine Biographie.[14] Der Roman stellt ein Spannungsverhältnis zwischen intendierten Handlungen und Plänen auf der einen, Kontingenz und Koinzidenz auf der anderen Seite her und arbeitet auf diese Weise nicht eine Monstrosität einzelner Akteure heraus, sondern eine Monstrosität des historischen Ereignisses, die durch mehrere Aspekte gekennzeichnet ist:

Erstens eine *hermeneutisch-epistemische* Monstrosität der Geschichte, die sich in der monströsen Datenlage des Archivs zuspitzt; zweitens eine Art *logischer* Monstrosität, die darin besteht, dass die Ereignisse unzureichend begründet und motiviert, letztendlich also kontingent erscheinen; und drittens eine Monstrosität der *historischen Faktizität*: die unterdeterminierten und kontingenten Ereignisse, die nie die Schwelle einer kausalen Notwendigkeit überschreiten, schlagen in die irreversible Faktizität der tatsächlichen Ermordung John F. Kennedys um (vgl. dazu Parrish 2000: 21). So kann der Roman auch eine dritte Linie im Widerstreit von Kapitalismus und Kommunismus – verstanden als Ordnungsmodelle der Geschichte mit ihrem jeweiligen Überlegenheitsanspruch –, einschlagen. Wo das kapitalistische Modell Wahrscheinlichkeit und wahrscheinliche Handlungen durch den Markt produzieren soll, will das kommunistische durch Planung Notwendigkeiten herstellen: das Zusammentreffen von Produktion und Bedarf. DeLillos Roman unterläuft beide Modelle. Sein kausaler Raum ist durch sie nicht zu beschreiben. Die Ereignisse fügen sich unterhalb und quer zu den großen Ordnungsmodellen zusammen, sozusagen in ihren Nischen. *Libra* entfaltet so eine Ereignisfolge, die radikal

14 Wenn der Literaturwissenschaftler Tim Melley Oswald, den *lone gunman* des offiziellen Narrativs, als Inbegriff, »the epitome of individualist capitalism« (Melley 2000: 133), beschreibt, setzt er eine Planmäßigkeit des individuell handelnden Akteurs voraus, die DeLillos Oswald nicht besitzt. Diesen hingegen könnte man als die Kehrseite, das verzerrte Spiegelbild oder den ungewollten Bruder der marktökonomischen Figur des individuell agierenden Akteurs ansehen: als seinen monströsen Zwilling. Denn genauso wie der individuell agierende Konsument im Kapitalismus gerade in seiner Lebenswelt durch ökonomische Imperative bestimmt oder determiniert ist und deshalb nicht mehr ausschließlich Agent, so ist Oswald, wenn wir DeLillo folgen, ein Spielball von Kräften außerhalb seiner Reichweite und damit in der Tat eine zutiefst kapitalistische Figur, wenn auch auf einer anderen Ebene als es Melley vorschwebt.

unterdeterminiert bleibt und deren Wahrscheinlichkeit unberechenbar ist. Statt monströser kommunistischer Attentäter oder monströser kapitalistischer Verschwörungen tritt in DeLillos Roman eine Monstrosität der Geschichte selbst hervor.

Dieser Beitrag hat ein peer review-*Verfahren mit* double blind-*Standard durchlaufen.*

Literatur

BALLARD, J. G. (2001): *The Atrcocity Exhibition*, New York: HarperCollins Publishers.

BRITTNACHER, Richard (1994): *Ästhetik des Horrors. Gespenster, Vampire, Monster, Teufel und künstliche Menschen in der phantastischen Literatur*, Frankfurt/Main: Suhrkamp.

CARMICHAEL, Thomas (1993): »Lee Harvey Oswald and the Postmodern Subject: History and Intertextuality in Don DeLillo›s ›Libra‹, ›The Names‹, and ›Mao II‹«. In: *Contemporary Literature* 34: 2, 204-218.

DECURTIS, Anthony (1990): »An Outsider in This Society: An Interview with Don DeLillo«. In: *South Atlantic Quaterly* 89: 2, 281-304.

DELILLO, DON (1990 [1971]): *Americana,* London: Penguin Classics.

DELILLO, Don (1997): *Underworld,* New York: Scribner.

DELILLO, Don (2006 [1988]): *Libra,* London: Penguin Classics.

EPSTEIN, Edward J. (1966): *Inquest: The Warren Commission and the Establishment of Truth*, New York: Viking Adult.

FOUCAULT, Michel (2007): *Die Anormalen. Vorlesungen am Collège de France (1974-1975),* Frankfurt/Main: Suhrkamp.

GARRISON, Jim (1988): *On the Trail of Assassins,* New York: Sheridan Square.

HORN, Eva (2007): *Der geheime Krieg. Verrat, Spionage und moderne Fiktion,* Frankfurt/Main: Fischer.

HERBERT, Shannon (2010): »Playing the Historical Record: DeLillo's ›Libra‹ and the Kennedy Archive«. In: *Twentieth-Century Literature* 56: 3, 287-317.

HUTCHEON, Linda (1989) »Historiographic Metafiction Parody and the Intertextuality of History«. In: *Intertextuality and Contemporary American Fiction*, hg. v. Patrick O'Donnell/Robert Con Davis, Baltimore: Johns Hopkins University Press, 3-32.

JOHNSTON, John (1994): »Superlinear Fiction or Historical Diagram: Don DeLillo's ›Libra‹«. In: *Modern Fiction Studies* 40: 2, 319-342.

KING, Stephen (2012): *11/22/63,* New York: Scribner.

KLUGE, Friedrich (1995): *Etymologisches Wörterbuch der deutschen Sprache. Bearbeitet von Elmar Seebold*, Berlin, New York: De Gruyter.

LANE, Mark (1966): *Rush to Judgement*, New York: The Bodley Head.

LOCKE, John (1979): *An Essay Concerning Human Understanding,* Oxford: Oxford University Press.

MAILER, Norman (2007): *Oswald's Tale: An American Mystery,* New York: Random House.

MELLEY, Timothy (2000): *Empire of Conspiracy: The Culture of Paranoia in Postwar America*, Ithaca, London: Cornell University Press.

PARRISH, Timothy L. (2000): »The Lesson of History: Don DeLillo's Texas Schoolbook, ›Libra‹«. In: *Clio* 30: 1, 1-23.

Scott, Peter D. (1993): *Deep Politics and the Death of J.F.K.*, Berkeley: University of California Press.

Simon, Jonathan (1998): »Ghosts of the Disciplinary Machine: Lee Harvey Oswald, Life-History, and the Truth of Crime«. In: *Yale Journal of Law and the Humanities* 10: 1, 75113.

Summers, Anthony (1981): *Conspiracy,* New York: McGraw-Hill.

Thomas, Glen (1997): »History, Biography, and Narrative in Don DeLillo's ›Libra‹«. In: *Twentieth Century Literature* 43: 1, 107-124.

Warren Commission (1964a): *Report on the Assassination of President Kennedy,* Washington/DC: United States Government Printing Office.

Warren Commission (1964b): *Warren Commission Hearings and Exhibits Vol. XVI,* Washington/DC: United States Government Printing Office.

Willman, Skip (1998): »Traversing the Fantasies of the JFK Assassination: Conspiracy and Contingency in Don Delillo's ›Libra‹«. In: *Contemporary Literature* 39: 3, 405-433.

Zelizer, Barbie (1992): *Covering the Body. The Kennedy Assassination, the Media, and the Shaping of Collective Memory,* Chicago: University of Chicago Press.

Animal Spirits Unleashed. Kapitalistische Monster in Dietmar Daths *Die Abschaffung der Arten*

Solvejg Nitzke

»For the importance of money flows essentially from its being a link between the present and the future« (J.M. Keynes 1936: 293).

»There are ways of preventing this grim future, or at least making it a lot less dire. But the catch is that these also involve changing everything« (Naomi Klein 2014: 20).

Dietmar Daths Roman *Die Abschaffung der Arten* (2008) erscheint auf den ersten Blick als komplexe Fabel über die Gegenwart. Die Gente, aus Tieren und Menschen weiterentwickelte Wesen, beherrschen hier die Zukunft nach der Menschenzeit und sind der vergangenen Spezies in jeder Hinsicht überlegen. Ihre Ordnung gründet sich auf die stabile Macht des Löwen, Cyrus Golden. Als König der Gente – nicht zufällig klingt die Gentry des englischen Adels in diesem Namen an[1] – umgeben von ebenso fabelhaften Libellen, Dachsen und Wölfen, bildet er das Zentrum eines geradezu absolutistischen Staates. Anders als ihre antiken Vorbilder sind diese Wesen jedoch weder an ihre Form, noch an die damit verknüpfte Charaktereigenschaft gebunden. Die Gente erklären sich vielmehr zu den erfolgreichen Erben der Bestien des Dr. Moreau, John Crowleys oder David Brins (Dath 2008a: 292). Sie verstehen ihre körperliche Entgrenztheit als Bedingung ihrer Dominanz über den Planeten und der »Befreiung« von den Menschen. Die monströse Verbindung von Mensch und Tier wird hier zum Ausgangspunkt einer Zukunft, die den Dualismus zwischen Natur und Gesellschaft, der im inzwischen sogenannten Anthropozän[2] zur Wurzel allen Übels erklärt wird, überwunden hat.

1 In der englischen Übersetzung heißen sie »Gents«.

2 Ein guter Überblick über die Diskussionen zum Anthropozän, einem Zeitalter, in dem menschliche Aktivität als geologische Kraft sichtbar wird, und die wissenschaftlichen sowie populären Diskurse, die sich daran anschließen, findet sich bei Clark 2015 und Moore 2015. Beide üben Kritik an der Tendenz geisteswissenschaftlicher Beiträge, die vorgeschlagene Periodisierung ungeachtet einer eigenen methodischen Überprüfung zu übernehmen. Clarks zentrale Kritik richtet sich dabei gegen ein »derangement of language«, das durch eine massive Verzerrung von Maßstäben dazu neige, einzelne Menschen

urn:nbn:de:hbz:6:3-zfk-2017-20629

Daths Einsatz von monströsen Figuren trifft in diesem Text auf eine monströse Romanform, die in ihrer Überfülle an Informationen die Identifikation einer eindeutigen kritischen Stoßrichtung frustrieren muss. Anstatt es bei einer *science fiction* gewordenen Fabel zu belassen, erweitert der Roman die Perspektive und fragt nach der Zukunft der Menschen und auch der Gente. Denn obwohl es den Gente gelingt, eine »monstrous social collectivity« (McNally 2011: 256) zu formen, an der Frankensteins Monster gescheitert war, reproduzieren sie Ordnung auf eine Weise, die sie schließlich selbst angreifbar macht.[3] Gegenüber den Keramikanern, einer Lebensform, der es durch eine Verbindung von Mensch und Maschine gelingt, sich in höheren Dimensionen zu bewegen, als andere Erdbewohner, erweisen sich Lebens- und Denkstil der Gente schnell als überholt. Sie sind schlicht nicht dazu in der Lage, Wesen zu begreifen, die nicht wie sie an die willentliche Bewegung im Raum (drei Dimensionen von Höhe, Tiefe und Breite) und die unwillentliche Bewegung in der Zeit (vierte Dimension) gebunden sind. Um überhaupt zu überleben, müssen sie die Erde den »Fressern« überlassen und neue Existenzweisen finden. Auch diese erweisen sich jedoch nicht als beständig. Noch bevor die Biomasse des Planeten endgültig erschöpft ist, verschlingt das Zentrum der Keramikaner, Katahomenleandraleal, sich selbst und hinterlässt die Erde in einem zwar unbewohnbaren, aber paradiesischen Zustand. Abgeschnitten vom Zeitverlauf des restlichen Universums wird die Erde selbst zu einer gleichsam geschlossenen Erzählung, die nur noch sich selbst enthält. Der eigentliche Twist des Romans besteht nun aber darin, dass sich kurz vor dieser Vision des ›blauen Planeten‹, die Vorgeschichte enthüllt. Drei Menschen, ein charismatischer Biologe, eine mathematisch begabte Komponistin und ein gelangweilter Finanzier erweisen sich nicht nur als Verursacher des Untergangs der Menschen, sondern auch als Konstanten der Erzählung. Während der zum Löwen gewordene Biologe, Cyrus Golden, mit seiner Schöpfung untergeht, bleiben Komponistin und Finanzier nicht nur präsent, sondern erweisen sich als treibende Kräfte der Geschichte. Oder, umgekehrt, die Geschichte erweist sich als Ergebnis ihres Spieltriebes.

Daths »enzyklopädische Science-Fiction« (vgl. Willer 2013) zeichnet sich dadurch aus, dass sie Gegenwartsdiskurse nicht nur reflektiert, sondern auch deren kritisches Potenzial selbst adressiert. Das Aussehen, Handeln und die Beziehungen zwischen den

für den Untergang ›der Welt‹ verantwortlich zu machen – sein Beispiel ist der Aufruf, den Planeten zu retten, indem man die Heizung reguliert (Clark 2015: 37). Moore führt die »storytelling-power« des Anthropozäns darauf zurück, dass der Begriff es möglich mache von ›der Welt‹ und ›der Menschheit‹ im Singular zu sprechen, so werde der Dualismus zwischen Natur und Gesellschaft nur aufs Neue verstärkt und die Fortsetzung zerstörerischer Praktiken eher befördert (Moore 2015: 2).

3 Was Frankensteins Kreatur laut McNally als kapitalistisches Monster auszeichnet, ist, dass es als aus Einzelteilen zusammengesetztes Wesen eine Einheit repräsentiert, die aus Multiplizität besteht. Vor allem durch seine Sprachfähigkeit wird dieses Wesen zu einer Bedrohung für die kapitalistische Ordnung, insofern es die Fähigkeit zur Organisation einer in jeder Hinsicht ›kritischen‹ Masse birgt: »In Shelley's tale, of course, the Creature is isolated and forlorn, desperately seeking a companion. It speaks only to its oppressors and tormenters. But, traversing her novel lurks the anxiety that the Creature might not forever be alone, that it might acquire a companion, reproduce, and form a monstrous social collectivity – and this prospect is hinted at in the sailors' rebellion that hurries the novel to its close« (McNally 2011: 256).

Figuren bleiben oft vergleichsweise unbestimmt. Stattdessen setzt der Roman Diskurse der Gegenwart in verfremdeter Perspektive fort. Folgt man dem Spiel mit Metaphern aus Kapitalismus und Monsterliteratur,[4] wird der Roman als Kritik an der Kritik lesbar, die sich allzu simplen Abschaffungsphantasien (Abschaffung des Kapitalismus, Abschaffung des Staates, Abschaffung biologischer Determination) vehement widersetzt. Stattdessen parodiert der Roman nicht nur die imaginierte Perspektive auf ›die Menschheit‹ und ›den Kapitalismus‹ im Singular, die seit Crutzens und Stoermers berühmtem Artikel aus dem Jahr 2000 mit der Bezeichnung »Anthropozän« versehen wird (Crutzen/Stoermer 2000), sondern überblendet Denkfiguren der ökonomischen Theorie mit literarischen Monster- und Tierfiguren und erzeugt so eine komplexe Erzählung der Zukunft, die nicht auf eine ›Botschaft‹ reduziert wird. Im Zentrum stehen, wie es der Titel dieses Aufsatzes andeutet, entfesselte »animal spirits«. Sie beleuchten eine Verfahrenstechnik des Romans, der durch das parodistische Zitat gegenwärtiger Begriffe und Ideen die Kritik an der Kritik erst lesbar macht. Es sind ja gerade nicht Zombies und Vampire, die in dieser post-humanen Vision den Planeten beherrschen, sondern vernunftbegabte Tierwesen. Also handelt es sich um eine Umkehrung der gewohnten Perspektive: Bei Keynes bezeichnen *animal spirits* die nicht rationalen Triebe des ökonomischen Menschen – Spontaneität, Emotion und Tatendrang.[5] Damit führt Keynes einen grundsätzlichen Unsicherheitsaspekt für die Möglichkeit ökonomischer Theoriebildung ein. Daths Roman erweitert diesen Aspekt gleich doppelt: Die Tierwesen, die hier die Erde beherrschen, sind alles andere als irrational und auch die die Erde verschlingenden Keramikaner sind nicht ›böse‹, sondern handeln in ihrer eigenen Logik. *Die Abschaffung der Arten* hebt also die dualistische Unterscheidung zwischen rationalem und irrationalem Verhalten mitsamt derjenigen zwischen menschlichen und nicht-menschlichen Akteuren auf. Der Roman führt *animal spirits* vielmehr als kritisches Element ein, dessen Isolation notwendig zu Untergang oder Stillstand führt. Denn weder die Gente, die das Verhältnis von Mensch und *animal spirits* verkehren – also anders als die Menschen äußerlich ›tierisch‹, aber innerlich rational sind – noch die Keramikaner, die solche irrationalen Triebe erst auf dem Höhepunkt ihrer selbst vorangetriebenen Evolution und nur in ihrem Schwarmzentrum zeigen, können langfristig den Gang der Geschichte bestimmen. Eine Entfesselung der *animal spirits* entspricht demnach nicht automatisch der Herrschaft irrationaler Kräfte, sondern erlaubt vielmehr Zivilisationsformen jenseits menschlich-ökonomischer Ordnung zu erkunden.

4 Eine Vielzahl weiterer Linien ließe sich verfolgen. So z.B. Daths Umgang mit wissenschaftlichen Metaphern und die daraus abgeleitete Struktur von Paradigmenwechseln innerhalb des Romans sowie Bezugnahmen auf konkrete historische Konstellationen – hier ist insbesondere die im letzten Teil virulente Bezugnahme auf antike Geschichte und Mythologie hervorzuheben.

5 »Even apart from the instability due to speculation, there is the instability due to the characteristic of human nature that a large proportion of our positive activities depend on spontaneous optimism rather than mathematical expectations, whether moral or hedonistic or economic. Most, probably, of our decisions to do something positive, the full consequences of which will be drawn out over many days to come, can only be taken as the result of animal spirits – a spontaneous urge to action rather than inaction, and not as the outcome of a weighted average of quantitative benefits multiplied by quantitative probabilities« (Keynes 1936: 136).

1. Entgrenzte Körper in statischer Ordnung

Mit den Gente und den Keramikanern stehen sich in *Die Abschaffung der Arten* zwei nicht-menschliche Wesensformen gegenüber, deren Monstrosität auf einer Entgrenzung menschlicher Körperlichkeit beruht. Die Gente verstehen sich selbst als die erfolgreichen Nachfahren literarischer Monster. Die aus Menschen entwickelten Wesen realisieren die Angst der Menschen, selbst zu Schöpfern ihres Untergangs zu werden. Ihr Selbstbewusstsein als Monster entspricht einer herrschaftlichen Geste. Sie beschreiben sich explizit als Monster und sehen sich in einer Tradition des Monströsen, allerdings in transzendierter Form. Wie die Geschöpfe Moreaus und Frankensteins entspringen auch sie der Hybris ihrer Schöpfer, die glauben, die Menschheit als Art bessern bzw. durch eine bessere Art ersetzen zu können. Allerdings wird diese Schöpfung dezidiert nicht *gegen* die natürliche Ordnung vorgenommen, wie z.B. die galvanische Wiederbelebung von Leichenteilen zu einem ›neuen Menschen‹ in Mary Shelleys *Frankenstein* oder Vivisektion und telepathische Manipulation im »House of Pain« auf der *Insel des Dr. Moreau* im gleichnamigen Roman von H. G. Wells. Die neue Existenzform zeichnet sich eben dadurch aus, dass sie *die Natur selbst* transformiert. Sie stellt keine äußere Veränderung vorhandener Lebewesen dar, sondern einen Eingriff in ihren Code. Sämtliche äußerlichen Merkmale und damit Distinktionsmöglichkeiten sind nach der »Befreiung« nicht mehr biologisch vorgegeben, sondern sozial und kulturell bestimmt.[6] Der genetische (wenn man so will, der ›gentische‹) Code ist in keiner Weise mehr determinierend für die Wesen. Ein weiterer entscheidender Unterschied zu McNallys untoten kapitalistischen Monstern ist, dass die Schöpfer selbst zu den ersten Exemplaren der neuen Zivilisation werden.

Das Ende der Menschen, so rekonstruieren es die Gente, beruht letztlich auf ihrer Unfähigkeit, sich von als ›natürlich‹ markierten Strukturen (das meint Körper- ebenso wie Staatsformen) zu lösen und sich selbst zu transformieren (vgl. Dath 2008a: 13-16). Die ungebremste Ausbreitung der menschlichen Population entspricht zu ihrem Ende der ungebremsten Dummheit des kapitalistischen Wachstumsstrebens (260, 506). Überflüssige Menschen und ihre zerstörerische Lebensweise zu beseitigen, um Platz für die 144.000 Gente der »ersten Generation« (281) zu schaffen, ist in dieser Logik in der Tat eine vernünftige Entscheidung – die Zahl selbst enthüllt freilich, dass jene, die die Arten abschaffen, nicht ganz vom (allzu) menschlichen Millenarismus[7] lassen mögen. Daths radikaler Entwurf der Entgrenzung zwischen Tier und Mensch lässt sich gleichwohl nicht unmittelbar politisch fruchtbar machen. Obwohl den Gente schon zu

6 Z.B. durch die Mode, menschliche Hände ›zu tragen‹ (Dath 2008a: 54). Auch der ›Besitz‹ anderer biologischer Merkmale, wird etwa bei einer Gruppe, die sich als »abgedankte Alphatiere« bezeichnet, als Entscheidung gekennzeichnet: »Daran erkannte der Dümmste, was das für Wesen waren: daß diese Strolche, so aus der Mode dergleichen sonst bei Gente [sic] war, Milchdrüsen zum säugen ihrer Jungen besaßen und über diese Gemeinsamkeit hinsichtlich der Nachkommensversorgung zu übertriebenem Mitleid mit der Menschenart neigten« (24).

7 Die Zahl 144.000 entspricht den »Versiegelten« – je 12.000 aus den zwölf Stämmen Israels – aus der Offenbarung des Johannes (Apokalypse) Kapitel 7.4. Besonders bekannt ist diese Zahl im Zusammenhang mit den Zeugen Jehovas, die diese Stelle wörtlich nehmend, daran glauben, dass letztlich nur 144.000 Menschen von Gott erlöst werden.

Beginn eine entscheidende Gemeinsamkeit mit den Menschen zugeschrieben wird – ihr Sinn für Schönheit –, wirken sie in jeder Hinsicht wie das Gegenteil der *animal spirits*. In Keynes' Sinne bilden diese die Gegenkräfte zum rationalen (ökonomischen) Denken und zugleich die eigentlich motivierenden Faktoren für das wirtschaftliche Handeln des Menschen. Im Sinne von Instinkten und Freiheit (von Vernunft) ließe sich von *animal spirits* auch im Umfeld ökologischen Denkens sprechen. Insbesondere da, wo eine nicht anthropozentrische Perspektive eingenommen werden soll oder im Sinne der *deep ecology* der Versuch unternommen wird, mit Rückbezug bspw. auf ›indianische‹ Rituale wie ein Tier der Natur entgegenzutreten, werden *animal spirits* als Tiergeister und als Geist (Verstand) der Tiere propagiert. Die »florifaunische Zivilisation« der *Abschaffung* hat allerdings wenig mit diesem Tierbegriff zu tun. In Hinblick auf die Thematisierung des Artensterbens also trifft Heises Kritik an Daths Roman einen wichtigen Punkt:

> »Dath blendet in seinem Roman also die Bedeutung geografischer und klimatischer Bedingungen sowie die wechselseitige Beziehung zwischen den Arten aus, die eine Spezies entstehen lassen und dynamisch verändern. Da die Veränderung biologischer Formen nicht mehr durch Anpassungsmechanismen bedingt, sondern völlig beliebig geworden ist, kann Dath somit auch kein Bild der Grenzen des Artenwandels entwerfen, sondern nur scheinbar endlose Möglichkeiten der Metamorphosen durchspielen, die dadurch letzten Endes etwas willkürlich erscheinen« (Heise 2010: 146).

Damit trifft Heise einen wunden Punkt, denn wo innerhalb des Romans be- oder entgrenzt wird, ist oft nur schwer bestimmbar. Allerdings ist die Willkür der Form hier Programm. Die Abhängigkeit von Umweltfaktoren wird ja gerade zur Bedingung der Möglichkeit dieses radikalen Ansatzes. Indem die Gente sich von diesen ›befreien‹, glauben sie die Utopie einer vernünftigen Staats- und Gesellschaftsform realisieren zu können. Darin liegt durchaus Potential für eine politisch konservative (anstelle einer progressiven) Lesart des Romans. Die Utopie einer von ›natürlichen‹ Einflüssen unabhängigen Gesellschaft lässt sich schließlich nicht nur auf eine ökologisch vertretbare Lebensweise beziehen, sondern liegt auch der Kehrseite dieser aufklärerischen Idee zugrunde: dem ungebremsten (technologischen) Fortschritt. Sogar die tierische Form von der Natur zu lösen, stünde so für den endgültigen Triumph der (menschlichen) Ratio durch die Technik. Das gilt gerade dann, wenn man beachtet, dass die Gente die ›schmutzigen‹ Stadien ebenjenes Fortschritts hinter sich gelassen haben. Gerade deswegen aber ist es wichtig festzuhalten, dass die »*Weiter*entwicklung des eigentlichen Menschen« eben nicht in der »Rückkehr zu tierischen Formen« (Heise 2010: 145; Hervorhebung i. Orig.) besteht, sondern darin zu erkennen, dass die Menschen nie Tier gewesen sind. Die Unterscheidung zwischen biologischen Formen verliert in der Fiktion auch rückwirkend jede Relevanz.

Biologie und Politik fallen in der Frage, was nun mit den letzten überlebenden Menschen zu tun sei, zusammen. In einer zugespitzten Variante der Debatte über den Schutz großer Raubtiere fragen sich die Gente, ob sie es sich erlauben können, die letzten Menschen am Leben zu lassen. Naturschutz um des Naturschutzes oder gar der Natur Willen ergibt im Rahmen von Daths Roman keinen Sinn. Alle Lebewesen sind Akteure in einem zusammenhängenden System. Die Ordnung gehorcht dabei nicht grundsätzlich dem Recht des Stärkeren. Vielmehr wird Cyrus Golden zum charismatischen, absolutistischen Herrscher eines einzigen Staates, der die gesamte Population einer Art umfasst. Natur und Zivilisation stehen sich somit nicht mehr gegenüber, sodass die Bedeutung von ›äußeren‹ Faktoren nicht ausgeblendet, sondern technisch abgeschafft ist. Gleichzeitig ist die Beziehung zwischen Herrscher und Beherrschten durch starke Hierarchien gekennzeichnet.

Die Ordnung hat hier eine Stabilität erreicht, die im ökonomischen und ökologischen Diskurs gleichermaßen ›Equilibrium‹ genannt wird (vgl. Vogl 2010: 48, 58). Dabei werden die überwundenen Tauschverfahren und »Stoffwechselprozesse mit der Natur« (Dath/Kirchner 2012: 235) zu Vergleichspunkten, anhand derer sich die Gente ihren Fortschritt vergegenwärtigen. Dieser kontrastiert die monströse Körperlichkeit der Gente mit den Bedingungen, unter denen die Menschen gelebt haben, und legt zumindest nahe, dass sie ihr Überleben mit ihrer Disziplinierung von Organisations- und Körperformen selbst verspielt haben. Vom Streben nach Freiheit profitieren idealerweise alle: »Das [Singen und Witzereißen] hatte es früher nicht gegeben, in der ersten Zeit nach der Befreiung. Jetzt arbeitete man heiter; das war gut. Es wurde überhaupt immer besser, bald sollte man vom Sonnenlicht allein leben können« (Dath 2008a: 16). Diese Vorstellung von Fortschritt bildet das Fundament des Equilibriums. Je weiter sich die Gente von den Menschen und ihrer Lebensweise, insbesondere vom Verbrauch natürlicher Ressourcen entfernen, desto sicherer wähnen sie sich. Diese Auffassung bringt die Gente jedoch letztlich in Gefahr. Denn die Abwesenheit von Mangel verbirgt den sozialen Stillstand ihrer Zivilisation, die sich in der Starrheit ihres Staatsgebildes ausdrückt.

> »Selektion hält den Primat auf allen Schauplätzen. Gezinkte Riechzeichen in Perinfonen verschlüsselt, von Interferonen und Interleukinen getragen, sprachen den neuen Staat bis ins kleinste Gesetz aus, als großen Text aller lebenden Leiber. Es entstand so eine Ordnung, die damit zufrieden war, müde vor sich hinzuglänzen« (19).

Sie sind handlungsmüde und revolutionssatt: »Nach der Befreiung wollten alle nur noch ihre Ruhe – Gente, überlebende Menschen, alle die Sprache hatten« (18). Diese Ordnung erscheint ihnen vollkommen oder doch zumindest keiner Veränderung mehr bedürftig. Nur wenigen Individuen wie der grünen Dächsin Georgescu gelingt es, sich der Vorstellung zu entziehen, einen idealen Zustand erreicht zu haben. Die meisten konsumieren Geschichte als Unterhaltung und verdrängen damit das Bewusstsein über die Vergänglichkeit von Zivilisationen und über den »kostspieligen Frieden zwischen Natur und Vernunft« (18). Die Generalin hingegen betrachtet die Gente als »Hebammenzivilisation, keineswegs als Endziel aller irdischen Entwicklung« (21) und leitet daraus die Notwendigkeit einer endgültigen Ausrottung der überlebenden Menschen, einer »Tiefenreinigung der Ökotektur« (22) ab.

2. Der zu sich selbst kommende Urwald

Während die Gente noch mit der ›Menschenfrage‹ beschäftigt sind, beginnen auf der anderen Seite des Planeten geschichtliche Umwälzungen, die den Befürchtungen der Generalin hinsichtlich der potenziell von den letzten Menschen ausgehenden Gefahr schließlich recht geben. Allerdings sind es nicht diese selbst, die sich gegen die Gente wenden, vielmehr werden sie zu Helfern einer vollkommen neuen Lebensform: »[J]enseits des Ozeans im Südwesten [im ehemaligen Brasilia, SN] hatten sich denkende Automaten, von pulssicherer Keramik geschützt, aus dem Schutt erhoben, um ein eigenes Gemeinwesen zu gründen« (Dath 2008a: 34). Die menschliche Befürchtung des Gelingens einer »monstrous social collectivity« (McNally 2011: 256) wird hier ein zweites Mal durchgespielt. Dass dieses zweite monströse Gemeinwesen aus Maschinenwesen besteht, liest sich zunächst wie ein Kommentar zu der Feststellung der Gente, es sei das Versäumnis der Menschen gewesen, eine »vernünftige Gesellschaft« einzurichten (Dath 2008a: 34). Die Gründung des Keramikaner-Gemeinwesens entwirft ein Gegenbild zum Staatswesen der Gente, dessen König Cyrus Golden als aufgeklärter Monarch zwar Vernunft proklamiert, letztlich jedoch tyrannisch herrscht. Die logischen Operationen der Automaten erzeugen ein schwarmähnliches Gebilde, das zunächst von einem doppelten Zentrum geleitet wird. Der »Richtungsstreit« zwischen den zwei Anführern, Katahomenduende und Katahomencopiava, dreht sich zunächst um den Umgang mit den Menschen – nicht zuletzt, weil dieser die Beziehung zu den Gente maßgeblich mitbestimmt. Die schließlich getroffene Übereinkunft, sich mit den weiblichen Exemplaren der Menschen zu verbinden, um deren Reproduktionsfähigkeit im Wortsinn zu inkorporieren, besiegelt den Antagonismus zwischen den beiden dominanten posthumanen Existenzweisen. Dabei ist interessant, dass die Frauen zwar zunächst ihrer reproduktiven Arbeitskraft wegen versklavt werden, aber schließlich zum Medium der Vereinigung werden.

Die möglicherweise fatalen Folgen einer rationalisierten Verbindung von Mensch und Technik für andere Menschen wird mit den Keramikanern aufgegriffen und gleichzeitig in mehrerlei Hinsicht überboten. Zunächst ist die Richtung hier eine andere, denn die Automaten sind Jahrhunderte nach dem Ende menschlicher Dominanz dabei, ihren ›Verstand‹ überhaupt erst zu finden, d.h. eine Richtung zu bestimmen. Die eigentliche Überbietung findet aber im ›Stoffwechsel mit der Natur‹ statt. Während die Gente nach der Unabhängigkeit von der Natur als determinierendem Faktor ihrer Existenz streben, gelingt es den Keramikanern, einen Stoffwechsel mit der Natur auf höherer Stufe wiederherzustellen. Die Verbindung mit den Menschen führt dabei zu einer qualitativen Veränderung, die die Monstrosität der Gente bei weitem in den Schatten stellt. Die beiden Anführer vereinigen sich zu einem gemeinsamen Zentrum, Katahomenleandraleal, dessen Entstehung von der Macht zeugt, die diese neue Existenzform birgt:

> »Der Urwald schien zu wissen, daß eine Welt weit weg die Gente mit bangen Gefühlen an ihn dachten. [...] Als er zu sich kam, wurde er zunächst laut, wie ein Crescendo sämtlicher Musik, die jemals gespielt worden war, ein allumfassender Lärm, verursacht vom kataklysmischen Massensterben und der in Klangfarben, Tonhöhe, physioskulpturaler Struktur und biochemischer Natur neu und anders geordneten Wiedergeburt aller

grünen Leguane, Vieraugenbeutelratten, Kaimane und Tukane, deren Biomasse die Freß- und Ausscheidungsorgane der eben erst in unterirdischem Lachen erwachten Kindsintelligenz Katahomenleandraleal passierte« (Dath 2008a: 104).

Der Schilderung der gewaltigen und gewaltsamen Entstehung Katahomenleandraleals folgt ihre, so könnte man sagen, Erziehung durch die Komponistin Cordula Späth – eine rätselhafte Figur, die in Daths Romanen immer wieder eine Rolle spielt. Die Anführerin der Keramikaner lernt von Späth ihr logisches Denken mit den (menschlichen) Wissenschaften zu verbinden und so ihr Potenzial mehrdimensionalen Denkens in einer ›Neustimmung‹ des Dschungels zu konkretisieren.[8] Erst in diesem doppelten Zu-sich-Kommen wird das Zentrum der Keramikaner zur »ersten postbiotischen Großmacht« (106), die schließlich die Gente zum Verlassen der Erde zwingt.

Die Einsicht ist denkbar simpel: Katahomenleandraleal gefährdet die Existenz der Gente (und jeder anderen biologischen Lebensform), weil sie Biomasse in planetarischem Maßstab verbraucht. Der Reiz dieses Wesens besteht also darin, dass sie Natur und Technik gleichermaßen verkörpert. Jenseits jeder Moral inkorporiert sie ihre Umwelt, indem sie sie verschlingt. Ihre Neuordnung unterscheidet sich dabei von den Gente vor allem im Begriff der Vernunft und der Beziehung zu Natur. Während die Gente eine Form der Unabhängigkeit von ihrer Umwelt anstreben, die vom Equilibrium als einer bewusst verfolgten Strategie der Energieerhaltung ausgeht, ähnelt Katahomenleandraleals Expansionswille einer forcierten Entropie. Ihre Ratio kennt keine andere Grenze als das Ende der ihr zur Verfügung stehenden Ressourcen. Ihr Handlungsprogramm erinnert an kritische Darstellungen gegenwärtiger Ausprägungen des Kapitalismus aus ökologischer Perspektive (vgl. z.B. Leggewie/Welzer 2010). Sie jedoch einzig als Allegorie des Konsumismus zu lesen oder als Verkörperung eines territorial gedachten Expansionswillens, wird im Roman als fatale Fehleinschätzung markiert (Dath 2008a: 269).

Die Verbindung der beiden ursprünglichen Köpfe zu einem einzigen, als Schwarmzentrum jedoch allumfassenden Anführer, Katahomenleandraleal, wirkt wie ein Schritt, der die überwunden geglaubten Dichotomien wiedereinführt. Insbesondere die Gegenüberstellung des absolutistischen, schöngeistigen Löwen und des weiblich und technisch codierten Dschungelwesens gewinnt dabei karikaturistische Züge. Der Löwe als Vater, der für die Seinen sorgt (288), steht der »dicken Mutter« (280) gegenüber, die sich zum Inbegriff der Natur überhöht. Obwohl sich diese strukturellen Gemeinsamkeiten fortsetzen ließen, wird das Wichtigste bereits hier sichtbar: Es kommt nicht auf sie an. Denn die Annahme grundsätzlicher Ähnlichkeit führt die Gente ja erst zu der fatalen Fehleinschätzung ihres Expansionstriebes als Krieg.

Für die Keramikaner geht es nicht um eine Freund/Feind-Unterscheidung, sie führen keinen Feldzug – »Jedenfalls nicht mehr, als das Verschimmeln von altem Brot ein

8 Im Kleinen spielt sich an dieser Stelle im brasilianischen Dschungel ab, was später mit der gesamten Erde passiert: »Es wird 'ne neue Stimmung vorgenommen ... Katahomenleandraleal [...] will den Wettbewerb anheizen zwischen öhmmm spontaner Energieemmission und Försterschem Energietransfer, in allen biologischen Systemen. Katahomenleandraleal stimmt sich den Dschungel besser« (Dath 2008a: 110).

Feldzug des Schimmels gegen das Brot ist« (288). Sie erkennen die Gente nicht als Gegner an, sondern verbreiten sich wie Heuschrecken, ohne böse Absicht und von einem nicht einsehbaren Programm geleitet. Weil die Gente weder die Organisationsform noch die Absichten der Keramikaner kennen, können sie kaum adäquat auf die Bedrohung reagieren, die von ihnen ausgeht. Schließlich müssen sie nicht nur die Überlegenheit, sondern auch die Schönheit dieser Monster überrascht zur Kenntnis nehmen. Ihre Fähigkeit, sich in höheren Dimensionen zu bewegen, beeindruckt die »Helden« (273):

> »Auch Hecate dachte: Schön ist das. Was sie sah, war wie das Nachbild von Feuer, wenn man in Flammen geschaut hat und die Augen schließt. Ineinanderverschlungenheit von Nichtmassivem, Bewegung seitwärts durchs Wirkliche: Die Angreifer glichen Liebenden, die einander umarmten, in unendlicher Kette, einer die andre, die nächste« (276).

Anstatt von einem Feldzug gegen die Gente oder gar der Zerstörung des Planeten auszugehen, muss Katahomenleandraleals Expansion eher im Sinne eines Naturprozesses verstanden werden: »Katahomenleandraleal denkt so logisch, daß sie es auch bleiben lassen könnte – für Denken im Sinne von willens- und launegesteuerten Prozessen ist da gar kein Platz, das passiert alles völlig ohne Hass auf uns, ohne Vernichtungswillen« (270). Im Grunde werden die Gente also Opfer einer Revolution, die nach ähnlichen Maßstäben abläuft wie ihre eigene. Eine erfolgreichere Lebensform etabliert sich und schafft die Vergangenheit und ihre Vertreter hinter sich ab. Anders als die Gente jedoch beschränkt sich die Expansion der Keramikaner nicht auf eine begrenzte Zahl von Individuen, sondern überwindet Individualität als solche. Katahomenleandraleal spielt mit ihrer Selbstbezeichnung als »Mutter« oder »Göttin« (280) zwar auf die Vorstellung einer weiblich konnotierten Natur an, die sich (rächend) erhebt und ihre Peiniger abschüttelt.[9] Damit stellt aber auch sie unter Beweis, dass sie daran scheitert, über sich selbst hinaus zu denken. Ebenso wie die Gente wird Katahomenleandraleals Beziehung zu ihrer Umwelt im *long run* zu ihrem Ende führen.[10] Wie einer der Gente zurecht feststellt, sind auch die von ihr geplanten zehntausend Jahre ohne weitere Stufe der Selbstverwirklichung »geologisch gesehen keine besonders imposante Zeitspanne« (271). Der qualitative Unterschied zwischen dem Untergang Katahomenleandraleals und der ihr vorangegangenen Existenzformen und Zivilisationen ist, dass sich mit ihrem Ende tatsächlich das Ende der Welt verbindet – allerdings im Roman nicht als ultimative Zerstörung des Planeten, sondern als Ende der Geschichte.

9 Das erinnert v.a. an Lynn Margulis und James Lovelocks Gaia-Hypothese (vgl. Lovelock/Margulis 1974). Auch McNally greift in seiner Interpretation der Marxschen Arbeiterbefreiung auf die Identifikation des »monstrous mob« mit einem »frenzied upheaval of nature itself« (McNally: 258) zurück.

10 So stellen Dath und Kirchner in Hinblick auf den Raubbau an der Natur fest, dass sich vom Ende der Geschichte her die Idee von Profit verbietet: »Jeder Stoffwechsel mit der Natur ist in Keynes' berühmten *long run* ein Tausch unterm Energieerhaltungsgesetz« – so gesehen sind Verausgabung und Zerstörung Fragen der Perspektive (vgl. Dath/Kirchner 235). Kathahomenleandraleal wird hier damit paradoxerweise gleichermaßen als Verkörperung der Natur (was sie selbst beansprucht, Dath 2008a: 280f.) wie als Allegorie auf den Raubbau an ihr lesbar.

3. Unsichtbare Hände und das Phantasma der Abschaffung

Wie die Menschen zuvor, haben sich die Gente in ihrer Hybris verzettelt und sich so angreifbar gemacht. An den Gente spielt der Roman ein weiteres Mal die Schwierigkeit durch, eine einstmals erfolgreiche Lebensform endgültig zu vernichten. Wer in der Geschichte des Romans wo die Hand im Spiel hat, ist dabei notorisch unklar und bleibt auch in den ›Fortsetzungen‹ *Pulsarnacht* und *Feldevàye* fraglich. Dass aber sichtbare und unsichtbare Hände von größter Bedeutung sind, wird in *Die Abschaffung der Arten* überdeutlich. Der Finanzier Ryuneke als Verkörperung der ›unsichtbaren Hand‹ bildet die eine, der Plan einer Ausrottung der Menschen zu Beginn des Romans die andere Seite der Figuration von Händen als entscheidendem Faktor des Erfolgs. Die Frage danach, was die Menschen ausmacht, ist letztlich also die nach der Möglichkeit ihrer Vernichtung. Es besteht der Verdacht, dass, »was sich so lange wider alle Vernunft gehalten hatte, [...] der Ausrottung auch weiter widerstehen [würde]« (Dath 2008a: 22). Es ist aber gerade nicht Vernunft, die das Widerständige der Menschen ausmacht. Vielmehr muss ihre ›Handlungsfähigkeit‹ beim Wort genommen werden: »Man muss die Hände angreifen. Die trägen Hirne sind ... nicht mehr von Belang« (23). Mithilfe von Biowaffen – sogenannten »Kügelchen«, die zu »kampffähigen Käfern werden«, welche »Agenzien sprühen, um [...] die Handballen der Aufständischen zu zerstören« (25) – soll die »letzte Aufgabe bei der Errichtung des rundum Vernünftigen [...], das tätige Vergessen der Besiegten« (27) erfüllt werden. Das »Zerbrechen« (28) der Hände bedeutet also das Ende der Handlungsfähigkeit und mit ihm das Ende der Existenz der Menschen als Menschen. An dieser Stelle erliegen die Gente bereits dem Phantasma der Abschaffung – erst durch diesen grausamen Angriff wecken sie nämlich das Interesse der Keramikaner, die schließlich die letzten Frauen retten und somit das Schicksal der Gente besiegeln. Die Flucht der letzten ihrer Art wird so bereits als Strategie etabliert, um das Überleben – wenn auch nicht als Individuum, so doch als (transformierte) Art – zu gewährleisten.

Die geflohenen Gente siedeln schließlich auf Venus und Mars, wo sie zwei Auserwählte auf ihre Aufgabe vorbereiten, nämlich auf die Erde zurückzukehren, um die Rückkehr der Gente-Partiale einzuleiten. Die auserwählten Nachkommen der Gente finden die Erde am Ende des Romans in einem paradiesischen Zustand vor. Katahomenleandraleal hat sich selbst verschlungen und den Planeten damit den von ihr in Gang gesetzten Programmen überlassen. Im Zustand absoluter Stasis findet der Planet als Museum seiner selbst zur schönsten Form irdischer Existenz (vgl. Nitzke 2017b). Es wäre jedoch falsch, hieraus abzuleiten, dass dieses »Ende der Zeiten« (Dath 2008a: 539) einer Rückkehr in einen natürlichen Urzustand gliche. Das Bild der stillgestellten, musealisierten Erde am Ende des Romans enthält die gesamte Vergangenheit des Planeten, seine Natur- und Kulturgeschichte. Sie ist aber nicht mehr entwicklungsfähig. Diese künstliche Erden-Natur zu erforschen, ist ein ästhetisches Vergnügen für die wohl am weitesten entwickelten Individuen des Romans, bleibt aber nicht mehr als ein »lebendiges Totem der Vergangenheit« (545).

Neben der Abwesenheit von evolutionsfähiger Natur ist es die Abwesenheit von Ryuneke, dem Finanzier der »Befreiung«, die den statischen Zustand der Erde am Ende besiegelt. Man lasse ihn nicht hinein, erklären die Kuratoren der Erde: »Wir haben die

Zeit angehalten, und Zeit ist Geld, also bleibt Ryuneke aus unserem Rayon verbannt« (543). Damit wird einerseits markiert, dass die Geschichte nur auf der Erde selbst zu Ende gegangen ist, anderswo geht sie weiter. Andererseits wird die Aufmerksamkeit am Ende des Textes auf die präsente Abwesenheit dieser Figur gelegt. Ryunekes Einfluss, das wird in dieser letzten Gleichsetzung seiner Figur mit dem Geld selbst deutlich, ist gerade deswegen umfassend spürbar, weil er nicht anwesend sein muss, um ihn auszuüben.

»Von allen, die den Wahlspruch des Löwen: ›Wir machen aus der Evolution das schlechthin Willentliche‹ in die Tat umgesetzt hatten, war dieser Finanzier der Allerradikalste gewesen. Während er zwar zunächst, wie viele andere Gente, einen Säugetierleib bewohnt hatte, nach seinem unsentimentalen Abschied vom Mannsein, nämlich einen Fuchs, so war ihm doch, als allgemein gerade die zweite Stufe der Speziation genommen wurde, die eigene Leiblichkeit als solche schnell beschwerlich geworden« (117).

Es zeichnet ihn aus, was Vogl als zentralen Charakterzug der »Werwölfe[] des Geldgeschäfts« festhält: »das Begehren, die Schwerfälligkeit der materiellen Welt, das Reich der Körper- und Besitzzustände selbst hinter sich zu lassen« (Vogl 2010: 11). Mit dem Unterschied, dass es Ryuneke gelingt, sich von seinem Körper zu befreien. Er macht den »Traum einer radikalen und endgültigen Transsubstantiation« (Vogl 2010: 12) wahr.[11] Seine Proklamation, es mit dem Körperlichen so zu halten »wie mit dem Geld, das wir benutzen, um es abzuschaffen« (Dath 2008a: 117), scheint einleuchtend, doch vom Ende her wird klar, dass diese Abschaffung ein Phantasma ist. Zwar mag Geld als Tauschmittel ausgedient haben, aber Ryunekes Existenz als Gläubiger festigt dessen Funktion (20).

Dass es die Langeweile ebendieser Figur ist, die die »Befreiung« überhaupt möglich macht, ist bezeichnend. Die Redundanzen seiner kapitalistischen Gegenwart einerseits, und die Lust, zum »Katalysator einer großen Weltveränderung« (522) zu werden, andererseits, reichen dem Dandy als Motivation aus. Anders als ein Dorian Gray jedoch steht Ryuneke, weil er der Gläubiger der Welt ist, mit der er spielt, außerhalb jeder Verantwortung oder Gerichtsbarkeit. Das apokalyptische Ende der Gente[12] ist für ihn nicht mehr als das Ergebnis einer letztlich naiven Gleichsetzung:

11 Mit McNally kann man Ryuneke also in der Tat als kapitalistisches Monster lesen: »the very insidiousness of the capitalist grotesque has to do with its invisibility with, in other words, the ways in which monstrosity becomes normalised and naturalised via its colonisation of the essential fabric of everyday-life, beginning with the very texture of corporeal experience in the modern world« (McNally 2011: 2). Das Fehlen eines Körpers gilt den Genten als das »Unheimlichste, was man sich über Ryuneke erzählte« (Dath 2008a: 115). Das Begehren, »das Reich der Körper- und Besitzzustände selbst hinter sich zu lassen« (Vogl 2010: 11), verbindet ihn darüber hinaus mit anderen literarischen Kapitalisten.

12 Hier bezogen auf die Bildsprache der Szene (Dath 2008a: 295-298). Das Ende der Gente wird begleitet von Stürmen, die eine neue Eiszeit und »blutigen Regen« (298) mit sich bringen. Nichtsdestotrotz ist auch das Ende der Gente, wie zuvor das der Menschen, kein Weltuntergang. Einem Teil der Gente gelingt es zu flüchten und in der zweiten Hälfte des Romans neue Zivilisationen aufzubauen, die schließlich sogar in den Romanen *Pulsarnacht* und *Feldeváye* fortgesetzt werden.

»Das Ganze ist eine Verwechslung. Kürzungen im Text, Kopierfehler ... unbedachtes Durcheinanderschmeißen von Leviathan und Behemoth. Beide Monster sind aus Einzellern entstanden, weißt du. Aber ihre Art, zu jagen und zu töten, ist grundverschieden« (297).

Es ist ein alter Traum der *science fiction*, aus der grundsätzlichen Ähnlichkeit aller irdischen Lebensformen, die sich letztlich nur in Handlungsprogrammen unterscheiden, eine Kontinuität abzuleiten, die die Bewohner der Erde (potenziell) mit außerirdischen Lebensformen verbände.[13] Ryuneke ist jedoch frei von solchen utopischen Gedanken – wie er selbst, ist sein Interesse am Geschehen nicht (mehr) greifbar:

»Ihm gehörte, was geschah, er besaß es, indem er es vollbrachte, aber er war es gar nicht, es gab ihn immer weniger, und er las im Privatjet Georg Simmel: ›Der Besitz, der nicht irgend ein Tun ist, ist eine bloße Abstraktion [...].‹ Ryu umspielte, umspülte die Dinge statt sie zu greifen, er verflüssigte sich, und das gefiel ihm und machte ihm Angst. Er war nicht zu fassen, er war sich und allen andern entwischt« (522).

Seine flüssige Präsenz im Roman ist in der Tat unheimlich – anders als die sichtbaren Akteure der Untergänge agiert er als ›unsichtbare Hand‹ frei von klar erkennbaren Interessen.[14] Seine eine Komplementärfigur, die Künstlerin Cordula Späth, ist zwar mit ungleich größerer Macht ausgestattet.[15] Ihr ehrgeiziges Projekt, der erste freie Mensch zu werden (524), bewirkt jedoch ein gewisses Wohlwollen gegenüber den Kreaturen, denen sie begegnet, das Ryunekes belustigtem Zynismus völlig fehlt.

Was aber heißt es, wenn die wahren Mächtigen in dieser kolossalen Geschichte distanziert und unsichtbar bleiben? Wenn darüber hinaus die sichtbar Mächtigen sich als ihre Partiale erweisen (296)? *Die Abschaffung der Arten* gibt darauf keine klare Antwort. Anstelle einer praktikablen politischen ›Botschaft‹ bietet der Roman viel mehr eine Erzählung an, die Alternativen multipliziert. Die *Abschaffung der Arten* erklärt kein Ende, sondern entrümpelt gewissermaßen überfrachtete Vorstellungen. Das geschieht durch eine Übertreibung genau dieser Überfrachtung ins Absurde. Damit verlangt der Text seinem/r Leser/in viel ab, denn die Überfülle an Symbolen, Metaphern und Anspielungen muss erst

13 Diese Ähnlichkeit wird besonders dann sichtbar, wenn sich die irdischen Lebensformen mit solchen anderer Planeten konfrontiert sehen, z.B. in Stanisław Lems *Solaris* (1961) oder in Arkadi und Boris Strugatzkis *Picknick am Wegesrand* (1971). Auch in dieser Hinsicht sind sich *science fiction* als Erzählmodus und ökologische Bewegung bzw. *ecocriticism* – z.B. durch die Forderung nach *species thinking* und einem *sense of planet* (Heise 2008) – näher als auf den ersten Blick ersichtlich.

14 Zwar wird Ryuneke im Roman nicht explizit als ›unsichtbare Hand‹ bezeichnet, dass es sich bei dieser Figur um eine Personifikation dieser Metapher handelt, wird aber besonders im Zusammenhang des Metaphernkomplexes um ›unsichtbare Fäden‹ und ›Hände‹ deutlich (Klausnitzer 2009).

15 Sie ist diejenige, die das defensive Waffensystem für die Befreiung liefert und schließlich durch Musik die Zeit selbst so manipulieren kann, dass sie die Geschichte des gesamten Universums kennt. »Diese Frau war gefährlicher als alles, was er [kannte] – sie und das Universum, die duzen sich wahrscheinlich, dachte er« (Dath 2008a: 550).

durchforstet werden, um an dem Punkt anzukommen, an dem sie als Parodie erkennbar werden. Was bleibt, ist die Frage, wie es sein kann, dass Jahrhunderte (nicht-)menschlicher Zivilisationsgeschichte letztlich auf das Handeln zweier Menschen zurückzuführen sind. Ob es sich dabei allerdings um eine, durchaus selbstironische, Allmachtsphantasie des Erzählers oder Autors handelt oder um eine an Verschwörungstheorie grenzende Kritik, die etwa besagen würde, dass die eigentlich Verantwortlichen immer im Hintergrund agieren, kann nicht eindeutig entschieden werden. Am Ende steht die Feststellung einer radikalen Gestaltbarkeit von Zukunft: »Das Rätsel der Geschichte mag gelöst werden; die nächste Lebensweise (nie: die endgültige) kann man finden« (Dath/Kirchner 2012: 819).

Dieser Beitrag hat ein peer review-*Verfahren mit* double blind-*Standard durchlaufen.*

Literatur

Clark, Timothy (2015): *Ecocriticism on the Edge. The Anthropocene as a Threshold Concept*, London: Bloomsbury.

Crutzen, Paul J./Stoermer, Eugene F. (2000): »The ›Anthropocene‹«. In: *Global Change Newsletter* 41, 17f.

Dath, Dietmar (2008a): *Die Abschaffung der Arten*, Frankfurt/Main: Suhrkamp.

Dath, Dietmar (2008b): *Maschinenwinter. Wissen, Technik, Sozialismus. Eine Streitschrift*, Berlin: edition unseld.

Dath, Dietmar/Kirchner, Barbara (2012): *Der Implex. Sozialer Fortschritt: Geschichte und Idee*, Berlin: Suhrkamp.

Franz, Michael (1995): »Aufklärung und Aneignung. Der Paradigmenwechsel von der Okkupations- zur Arbeitstheorie des Eigentums (Locke) in seinen philosophischen und ästhetischen Implikationen (Fichte – Hegel – Marx)«. In: *Nach der Aufklärung? Beiträge zum Diskurs der Kulturwissenschaften*, hg. v. Wolfgang Klein/Waltraud Naumann-Beyer, Berlin: Akademie Verlag, 195-212.

Heise, Ursula (2010): *Nach der Natur. Das Artensterben und die moderne Kultur*, Berlin: edition unseld.

Keynes, John Maynard (1936): *The General Theory of Employment, Interest and Money*, London: Palgrave.

Klein, Naomi (2014): *This Changes Everything. Capitalism vs. The Climate*, New York: Simon & Schuster.

Kocka, Jürgen (2013): *Geschichte des Kapitalismus*, München: Beck.

Klausnitzer, Ralf (2009): »Unsichtbare Fäden, unsichtbare Hand. Ideengeschichte und Figuration eines Metaphernkomplexes«. In: *Begriffe, Metaphern und Imaginationen in Philosophie und Wissensgeschichte*, hg. v. Lutz Danneberg/Carlos Spoerhase/Dirk Werle, Wiesbaden: Harrassowitz, 145-176.

Leggewie, Claus/Welzer, Harald (2011): *Das Ende der Welt, wie wir sie kannten: Klima, Zukunft und die Chancen der Demokratie*, Frankfurt/Main: Fischer.

Lovelock, James/Margulis, Lynn (1974): »Atmospheric homeostasis by and for the biosphere: the Gaia hypothesis«. In: *Tellus* 26: 1–2, 2–10.

McNally, David (2011): *Monsters of the Market. Zombies, Vampires and Global*, Leiden, Boston: Brill.

Moore, Jason W. (2015): *Capitalism in the Web of Life: Ecology and the Accumulation of Capital*, London, New York: Verso.

Nitzke, Solvejg (2017a): »Die Verausgabung der Natur. Ökonomie und Artensterben in den Romanen Dietmar Daths«. In: *Literatur und Ökologie. Neue literatur- und kulturwissenschaftliche Perspektiven*, hg. v. Christiane Solte-Gresser/Claudia Schmitt, Bielefeld: Aisthesis, 361-373.

Nitzke, Solvejg (2017b): »A Whole Earth Monument. Planetary Mediation in Dietmar Dath's The Abolition of Species«. In: *Imagining Earth. Concepts of Wholeness in Cultural Constructions of ›Our Home Planet‹*, hg v. Solvejg Nitzke/Nicolas Pethes, Bielefeld: transcript, 155-170.

Srnicek, Nick; Williams, Alex (2016): *Inventing the Future. Postcapitalism and a World Without Work*, London, New York: Verso.

Vogl, Joseph (2010): *Das Gespenst des Kapitals*, Zürich: diaphanes.

Willer, Stefan (2013): »Dietmar Daths enzyklopädische Science Fiction«. In: *Arcadia* 48: 2, 391-410.

Die untote Welt der Mainstream-Ökonomik

Ben Fine

1

2008 habe ich zum ersten Mal die Idee einer Zombieökonomik[1] ins Feld geführt, um zwei fundamentale Aspekte der Mainstream-Ökonomik mithilfe der Metapher aus dem Horror-Genre zu reflektieren (vgl. Fine 2008; Fine 2009). Den einen Aspekt habe ich die ›eindimensionale Wirtschaftswissenschaft‹ genannt;[2] nicht nur ist sie selbst eindimensional, sondern sie reduziert auch komplex strukturierte Beschreibungen der Ökonomie, der Gesellschaft und ihrer Bedeutungen auf eine begrenzte Anzahl einzelner, synchroner Dimensionen, etwa auf die Interaktion von Angebot und Nachfrage. Diese Parallele zu den eindimensionalen Beweggründen und -mustern von Zombies wird im zweiten Abschnitt konkreter ausgeführt und nach ihren Ursachen befragt. Der zweite Aspekt, der durch den Einsatz der Zombie-Metapher zum Ausdruck gebracht werden soll, bezieht sich auf die Art und Weise, in der der wirtschaftswissenschaftliche Mainstream nicht nur das Studium der Ökonomie infiziert und dabei andere lebendigere und vielseitigere Denkschulen (die zumeist heterodox genannt werden) an den Rand gedrängt hat, sondern auch sein Einflussgebiet im Zuge des sogenannten ›ökonomischen Imperialismus‹[3] auf die Sozialwissenschaften insgesamt ausgeweitet hat. Diese monströse Ausweitung des Ökonomischen auf das Soziale wird im dritten Abschnitt behandelt. Im vierten Abschnitt liefere ich ein paar Beobachtungen zur Reaktion der Zombieökonomik auf die globale Finanzkrise, anhand derer sich die ungebrochene Wirksamkeit dieses Zombiegenres dokumentieren lässt.

1 In der Übersetzung wird analog zu den englischen Begriffen *economics/economy* zwischen ›Ökonomik‹ als Wissenschaft und ›Ökonomie‹ als deren Gegenstand unterschieden. (Anm. d. Übersetzers)

2 Also fünfzig Jahre nach Erscheinen von Herbert Marcuses Klassiker *One-Dimensional Man* (vgl. Fine 2016).

3 Vgl. Lazear 2000, um Näheres über dessen Vertreter zu erfahren; sowie Fine/Milonakis 2009 und Fine 2009 für eine detaillierte Beschreibung seiner Merkmale und Entwicklung.

ZfK – Zeitschrift für Kulturwissenschaften 2|2017
urn:nbn:de:hbz:6:3-zfk-2017-20579

2

Die Ursprünge der Zombieökonomik finden sich in der wissenschaftlichen Revolution der Marginalisten der 1870er-Jahre, im Zuge derer sich jener zombieökonomische Mensch durchgesetzt hat, der auch *homo oeconomicus* genannt wird und sich gerne als ökonomisch rational geriert. Die wissenschaftliche Disziplin, die später zur Mikroökonomik werden sollte, setzte sich das vermeintlich einfache Ziel, folgende scheinbar technische Frage zu beantworten: Was sind die maximalen Restriktionen für die Funktionen von Angebots- und Nachfragekurven, wenn man Nutzen- und Produktionsfunktionen[4] sowie nutzenoptimierende Individuen voraussetzt? Wie hängen also im Kontext eines Markts, dessen Teilnehmer nur ihrem Eigeninteresse folgen, Angebots- und Nachfragekurven von den Präferenzen der Individuen, den Produktionsbedingungen und den gegebenen Ressourcen ab? Die Entdeckung der sogenannten Slutsky-Hicks-Samuelson-Bedingungen[5] hat diese Fragen geklärt. Dies ist aber weniger wichtig als der Prozess, der zu diesem Ergebnis führte und von dem er abhängt. Er kann als ›Implosion‹ beschrieben werden, da das obige Problem nur dadurch gelöst werden konnte, dass es systematisch reduziert wurde: Je nach Bedarf wurden bestimmte Parameter über Bord geworfen und andere eingeführt.

Diese Implosion ging mit der Entwicklung einer Lösung des Problems von Angebot und Nachfrage einher. Diese Lösung gelang nur unter den Annahmen, dass es einen Nutzwert gebe, der genau bestimmt werden könne, dass Gewinnmaximierung den einzigen Beweggrund des Handelns darstelle, und dass Güter wesentlich über ihre physischen Eigenschaften definiert werden müssen und weder in einem sozialen Zusammenhang stehen noch eine prägende Wirkung auf die Subjektivität und Identität von Konsumenten ausüben.[6] Im Hinblick auf die Produktion verhält es sich ähnlich, da die moderne Technik als gegeben angenommen und bloß als eine (im engeren Sinne formalisierte) Beziehung zwischen Input und Output aufgefasst wurde. Diese Ausgangspunkte schlossen von vornherein viele Faktoren aus, die nicht nur Angebot und Nachfrage bestimmen, sondern für sie konstitutiv sind.[7]

Hier begann die Erschaffung eigenständiger Zombies, die sich mithilfe der für den Konsum stehenden Nutzenfunktion selbst (be)dienen, sowie mithilfe der Produktionsfunktion, die das nötige Angebot für den Konsum der anderen oder seiner selbst sicherstellt. Zusammen ergeben die Nutzen- und Produktionsfunktion ›formalisierte Annahmen‹,

4 Es handelt sich hierbei um zwei sich ergänzende zentrale mathematische Funktionen der Wirtschaftswissenschaften: Die Nutzenfunktion fasst die Präferenzen von Wirtschaftssubjekten in eine Zahl, die auf eine Gruppe von Gütern verweist; die Produktionsfunktion wiederum soll die maximale Produktionsmenge angeben, die ein Unternehmen liefern kann, wenn bestimmte Inputs gegeben sind. (Anm. d. Übersetzers)

5 Er erhält seinen Namen von den Ökonomen John R. Hicks und Eugen Slutsky, die den sogenannten ›Substitution Effect‹ studiert haben, also die Frage der Kaufkraft. (Anm. d. Übersetzers)

6 Die individuelle Subjektivität ist in der Mainstream-Ökonomik fixiert und damit gänzlich anders gestrickt als diejenige des einfallsreichen postmodernen Konsumenten.

7 Alleine schon um die Optimierung möglich zu machen, mussten weitere formalisierte Annahmen gemacht werden, wie abnehmende Skalenerträge (*diminishing returns to scale*).

und damit liefern sie scheinbar die Grundlage aller ökonomischen Aktivitäten (und mehr). Zielstrebig gehen Individuen ihrem Eigeninteresse nach und ähneln dabei nur ansatzweise Menschen. Diese Zombies bevölkern darüber hinaus eine Fantasiewelt: das sogenannte allgemeine Gleichgewichtsmodell. Es bündelt die den obigen formalisierten Annahmen unterstellten einzelnen Zombies und dient zur Eruierung einer Serie von Fixpreisen, die den genauen Punkt anzeigen, an dem Angebot und Nachfrage in jedem einzelnen Markt und in allen Märkten zusammen zur Deckung kommen. Kurzum, das Gleichgewichtsmodell richtete sich ganz nach dem Problem, zu dessen Lösung es beitragen sollte, und jegliche Hindernisse, die der Ermittlung der Existenz, Einzigartigkeit, Stabilität und des (Pareto-)Optimums eines derartigen Gleichgewichts im Weg standen, wurden außer Acht gelassen. Dadurch entstand die ›formale Architektur‹ des Mainstreams.[8] Theoretisch dient sie dazu, die Nutzen- und Produktionsfunktionen der Gemeinschaft der Zombies zusammenzunehmen und durch das Marktsystem in Einklang zu bringen.

Als sie zwischen den 1870er- und 1950er-Jahren entwickelt wurden, hatten die formalisierten Annahmen (FA) und die formale Architektur (ebenfalls FA) – im Folgenden kombiniert als FA2 abgekürzt – zunächst keine Vorreiterstellung innerhalb der Wirtschaftswissenschaften inne. Sie waren sogar zweitrangig gegenüber anderen Ansätzen, und obwohl sie kein Schattendasein fristeten, galten sie als begrenzt, wenn nicht sogar ungeeignet, wenn es darum ging, auf anderen Gebieten als ihrem eigenen, das sich auf Fragen von Angebot und Nachfrage und individuellem Verhalten beschränkte, Anwendung zu finden. Im Rückblick fällt auf, dass sich die (keynesianische) Makroökonomik ab den 1930ern etablierte und in der Nachkriegszeit zum großen Gegenstück der Mikroökonomik, dem zweiten Hauptzweig der Disziplin, avancierte. Die Spaltung in Makro- und Mikroökonomik fand erst in den 1930er-Jahren statt, wobei sich die Makroökonomik zwar etwas später etablierte, aber keineswegs langsamer und weniger effektiv als die Mikroökonomik. Bezeichnenderweise galt letztere explizit (bei Keynes) oder implizit (bei anderen) als völlig ungeeignet, um die Große Depression oder gar andere systemische Eigenschaften der Wirtschaft zu erklären. In den 1930er-Jahren gab es neben den zwei genannten Hauptrichtungen noch das, was man heutzutage als heterodoxe Wirtschaftslehre bezeichnet. Sie umfasste die sogenannte Institutionenökonomik und eine Fülle induktiver Methoden, die jeweils die Geschichte ökonomischen Denkens, die Wirtschaftsgeschichte sowie zeitgenössische soziale und ökonomische Entwicklungen im Blick hatten. Im Gegensatz zum zombieökonomischen Vorgehen der FA2 wurden damit Phänomene wie die Monopolisierung, das Verhalten und die Organisation von Unternehmen, Arbeitsverhältnisse, Konjunkturzyklen, die Einkommens- und Reichtumsverteilung usw. genau untersucht.[9]

Nach dem Zweiten Weltkrieg gab es drei Forschungsrichtungen innerhalb der Disziplin – die Makro- und Mikroökonomik sowie eine Mischung angewandter Forschungsfelder.

8 Diese Begriffe stammen von Al-Jazaeri 2008. (Sie lauten im Original: *technical apparatus* und *technical architecture.* [Anm. d. Übersetzers])

9 Lionel Robbins' berühmte Definition der Ökonomik der 1930er-Jahre als Untersuchung der Verteilung knapper Güter zwischen konkurrierenden Akteuren stellt wohlgemerkt eher eine Vorwegnahme der kommenden Zombieökonomik dar als eine Darstellung der Disziplin und ihrer Verfassung zu seiner Zeit.

Während des Booms der Nachkriegszeit florierten sie alle. In der Makroökonomik dominierte zunächst die sogenannte keynesianisch-neoklassische Synthese, ein einfaches Modell der Wirtschaft, das aus zwei Formeln oder, in grafischer Form, aus zwei Kurven bestand, die das Angebot und die Nachfrage nach Gütern einerseits und diejenige nach Geld andererseits ausdrückten. Dies nannte man das IS/LM-Modell (IS für Güter und LM für Geld).[10] Es war jedem Ökonomiestudenten in der Zeit des Keynesianismus bekannt und wurde zunehmend vom Ethos mathematischer Modellierbarkeit affiziert, das in der Mikroökonomik gängig war, wodurch radikalere Momente des Keynesianismus, etwa die Frage nach der näheren Bestimmung des Finanzwesens, der Rolle der Ungewissheit oder auch Fragen und Methodiken der älteren Institutionenökonomik ausgeschlossen wurden. Nichtsdestotrotz blieb das IS/LM-Modell in der Theorie und in der Praxis ein Stück weit von der Mikroökonomik unabhängig, indem es sich einer systematischen Analyse verschrieb, die sich auf die Faktoren und das Zusammenspiel makroökonomischer Aggregatzustände konzentrierte (Konsum, Investitionen, Geldnachfrage-Funktionen etc.). Die angewandten Forschungsrichtungen bahnten sich gemäß ihrem Gegenstand ihre eigenen unabhängigen Wege, hielten sich aber an die zentrale Unterscheidung zwischen Mikro- und Makroökonomik.

Mit dem Aufstieg der Mikroökonomik und den nunmehr etablierten FA2 als ihrem Fundament war die Zeit reif für den verheerenden Fortschritt der Zombieökonomik. Als die mikroökonomischen Prinzipien, die mit FA2 einhergingen, nämlich Anerkennung fanden, wurde zumindest implizit anerkannt, dass auch die anderen Forschungsfelder einer gewissen Spannung ausgesetzt waren, die man als historische Logik des ökonomischen Imperialismus bezeichnen könnte. Ursprünglich setzte sich die mikroökonomische Fragestellung mit den Auswirkungen des optimierenden Individuums auf den ihn umgebenden Markt auseinander und bestimmte damit Angebot und Nachfrage ausschließlich mit Hinblick auf Preise, d.h. unabhängig von sozialen Umständen oder anderen Motiven individuellen Verhaltens. Sobald die obige Frage aber beantwortet wurde und sich diese Methodiken innerhalb der Disziplin durchsetzten, stellte es sich heraus, dass die Nutzen- und Produktionsfunktionen bzw. die formalisierten Annahmen universell angewandt werden konnten und nicht auf Märkte und auf das Problem von Angebot und Nachfrage beschränkt waren – und darin liegt dann auch die Logik des ökonomischen Imperialismus. Es wurde daraufhin auf die breitere Anwendung der formalisierten Annahmen gedrängt, wobei dies davon abhing, dass sie nicht nur innerhalb der Wirtschaftswissenschaften akzeptiert wurden, sondern auch in anderen Disziplinen an Einfluss gewannen, welche ihrerseits diesem Eingriff der Wirtschaftswissenschaften in ihren ursprünglichen Gegenstandsbereich durch den Gebrauch fremder Methoden, Begriffe und Theorien feindlich gesonnen sein konnten. Die Nutzen- und Produktionsfunktionen, die dazu dienten, Angebot und Nachfrage, das Verfolgen des Eigeninteresses und die Gebote der Effizienz zu erklären, wurden, mit anderen Worten, nunmehr von Ökonomen und von allen, die überzeugt werden konnten, herangezogen, um mehr oder weniger alles zu verstehen.

10 IS steht für *Investment Saving*, LM für *Liquidity Preference Money-Supply.* (Anm. d. Übersetzers)

Kurz, während die monströse Reduktion der Ökonomie auf FA2 mit einer begrifflichen Implosion einherging, wurde damit das Fundament für die folgende Explosion dieser Prinzipien gelegt. Diese Ausweitung wurde zunächst von den anderen beiden Forschungsfeldern neben der Mikroökonomik – der (keynesianischen) Makroökonomik und den angewandten Forschungsrichtungen – bis zu einem gewissen Grad eingehegt. Nichtsdestotrotz wurden sie vom Ethos der Mikroökonomik beeinflusst, insbesondere von ihren deterministischen mathematischen Modellen, die den Anspruch auf wissenschaftliche Berechenbarkeit (und nicht bloß auf realistische Annahmen) erhoben und auf die Faktoren des Gleichgewichts und der Effizienz fixiert waren.

Insbesondere die Makroökonomik hing erstens von der Idee eines konstanten, eindeutigen und effizienten Langzeit-Gleichgewichts ab, und in ihren Analysen konzentrierte sie sich auf die Anpassung an dieses Gleichgewicht. Zweitens wurde die ›Firewall‹ eingerissen, die sich zwischen kurzer und langer Dauer etabliert hatte, mit dem Ergebnis, dass am Ende beide miteinander vermischt wurden, als seien sie dasselbe; das betraf etwa die Fragen des Gleichgewichts, des Zeitflusses und der relativen Anpassungsgeschwindigkeit von Variablen. Drittens wurde Geld nur oberflächlich behandelt, insofern sein Angebot als begrenzt bzw. begrenzbar angenommen und seine Nachfrage dem Gleichgewicht unterstellt wurde, statt es als einen integralen Bestandteil des Finanzsystems aufzufassen, das mal mehr, mal weniger erfolgreich Investitionsressourcen mobilisiert und zuteilt.[11] Schließlich wurden die angewandten Forschungsrichtungen, die zum Verständnis der makroökonomischen Leistungsfähigkeit beitragen hätten können, immer mehr an den Rand gedrängt, entweder weil man sie als irrelevant erachtete oder weil sie einer vermeintlich exogen gegebenen langen Dauer zugeordnet wurden. Dies betraf Überlegungen von der Monopolbildung über Arbeitsverhältnisse und technische Neuerungen bis zu Konjunkturzyklen als Begleiterscheinungen des Wachstumsprozesses (beispielsweise passt Schumpeters Begriff der schöpferischen Zerstörung keineswegs in die Aufteilung in Makro- und Mikroökonomik).

Obwohl die Zusammenarbeit zwischen der Mikroökonomik, der Makroökonomik und den angewandten Forschungsrichtungen also beileibe nicht stabil oder fehlerfrei vonstatten ging, ermöglichte sie es, eine Kompromisslösung zu finden, die darin bestand, verschiedene methodische Zugänge zuzulassen und Zuständigkeitsbereiche bis zu einem gewissen Grad abzustecken. Dieser Kompromiss konnte nicht mehr aufrechterhalten werden, als die Blütezeit nach dem Krieg zu Ende ging und der Keynesianismus an Glaubwürdigkeit gegenüber jener monetaristischen Konterrevolution verlor, die von Milton Friedman angeführt und von der Neuen Klassischen Makroökonomik (NKM) der 1970er-Jahre auf die Spitze getrieben wurde. Anders als Friedman nahm die NKM an, dass hyperrationale Individuen einen optimalen Nutzen aus den ihnen gegebenen Informationen ziehen würden. Damit machte sie dem Staat sogar jene minimale Rolle streitig, die Friedman ihm im Kontext der Bekämpfung von Arbeitslosigkeit noch zugesprochen hatte.

11 Es ist bemerkenswert, dass der Mainstream keine Erklärung dafür hat, warum Geld entstand und warum es immer noch gebraucht werden würde, sobald das Gleichgewicht erreicht wäre.

Dieser Befund staatlicher Ineffizienz bringt es mit sich, dass die bereits erwähnten Faktoren zentral wurden. Dies gilt nicht zuletzt für die Annahme, dass es ein paar (dogmatisch privilegierte) nicht reduzierbare Grundbausteine gibt, beispielsweise Ressourcen, Präferenzen und Technologien, auf denen alles andere fußt. Letztere werden einer Reihe extremer Prämissen unterworfen, die dann ein bestimmtes Gesamtbild entstehen lassen, in dem repräsentative Individuen, perfekt funktionierende Märkte, rationale Erwartungen und die Wirkungslosigkeit des Staats zentrale Motive sind. Dies folgt weniger aus der Theorie selbst (obwohl es einer ihrer wesentlichen Punkte ist) als aus einer bestimmten Konzeption des Staats. Unter den Annahmen eines langfristigen Gleichgewichts, repräsentativer Individuen mit gegebenen Nutzen- und Produktionsfunktionen, des kompletten Fehlens einer Gesundheits-, Bildungs-, Sozial- oder Industriepolitik sowie aller Konflikte um Einkommensverhältnisse usw. ist der Staat nur noch ein weiteres Individuum, das mit der Sondermacht ausgestattet ist, Nachfrage und Angebot zu beeinflussen. Wenn man voraussetzt, dass Individuen mit derartigen Kompetenzen in einem perfekt funktionierenden Markt agieren, dann folgt daraus wenig überraschend, dass die Macht des Staats auf ein Minimum reduziert werden sollte.

In einer Welt zombiehafter Individuen, die ausschließlich durch einen perfekt funktionierenden Markt aufeinander abgestimmt werden, passt eine zombiehafter Staat zu ihren Bedürfnissen am besten. Bald kam die Theorie der Konjunkturzyklen zur NKM hinzu, die Schwankungen in der Wirtschaft als eine Folge plötzlicher Veränderungen in der Schnelligkeit der Produktivitätssteigerung ansieht und es damit nunmehr unnötig macht, monetäre Faktoren überhaupt in Rechnung zu stellen. Ihre Arbeitslosigkeit haben sich die Zombies demnach aus freien Stücken eingehandelt, und diese steigt und fällt gemäß mehr oder minder zufällig sich ergebender Gelegenheiten zum Fleischverzehr. Als Einheit wurden die NKM und die Theorie der Konjunkturzyklen ergänzt durch die Markteffizienzhypothese, die sich auf Finanzmärkte bezieht. Zusammengenommen bildeten sie eine Troika, die nicht nur die Minimierung staatlicher Eingriffe empfahl, sondern auch das freie Spiel von Finanzmärkten als beste aller möglichen Welten präsentierte.

Die Troika richtete dann eine Zombiewelt ein und bevölkerte sie mit Zombieindividuen sowie einer dazugehörigen Reihe von Zombieökonomen. Obwohl sich diese Welt wesentlich von derjenigen unterscheidet, die dem keynesianischen Mainstream des Nachkriegsbooms vorschwebte, gibt es zahlreiche Kontinuitäten. In der Tat sind es ihrer so viele, dass sogar diejenigen, die diese Entwicklung maßgeblich mitzuverantworten haben, vor dem zurückschrecken, was (teilweise unter ihrer Mitwirkung) entstanden ist, auch wenn sie den Zombie fälschlicherweise für einen Irren halten. Beispielsweise Solow:

> »Stellen Sie sich vor, dass jemand sich dort hinsetzt, wo Sie jetzt sitzen, und verkündet, er sei Napoleon Bonaparte. Es würde mir nicht im Traum einfallen, mich auf eine technische Diskussion über die Taktik der Kavallerie bei der Schlacht von Austerlitz mit ihm einzulassen. Mache ich das, so werde ich unversehens in sein Napoleon-Bonaparte-Spielchen hineingezogen« (zit. nach Kalmer 1984: 146; eigene Übers.).

Sogar Milton Friedman konnte irgendwann nicht mehr mit den Entwicklungen, für die er sich so sehr eingesetzt hatte, mithalten und beklagte, dass aus der Disziplin »ein obskurer Zweig der Mathematik« (Friedman 1999: 37; eigene Übers.) geworden sei.

Solows vielzitierte Aussage wird normalerweise nicht in ihrer Gänze wiedergegeben. Der Rest lautet:

»Nun mögen es Bob Lucas und Tom Sargent[12] am liebsten, technische Diskussionen anzuzetteln, denn dann hat man ihren fundamentalen Vorannahmen unversehens zugestimmt; die Aufmerksamkeit wird von den grundsätzlichen Ungereimtheiten der ganzen Geschichte abgelenkt. Da ich das Bezugssystem an und für sich für verrückt halte, behandele ich es als Wahnsinn – also indem ich darüber lache –, um nicht in die Falle zu tappen, es ernst zu nehmen und zu technischen Einzelheiten überzugehen« (zit. nach Kalmer 1984: 146; eigene Übers.).

Man kann es sich allerdings nur leisten, über Zombies herzuziehen, wenn diese machtlos sind oder man sich bereits einen akademischen Ruf erworben hat. Unweigerlich sahen sich die Nachfolger der monetaristischen Konterrevolution gezwungen, diese ernst zu nehmen und mit den Entwicklungen des Zombiegenres Schritt zu halten.

Aus den erschreckenden Wesen, die einen entweder in die Flucht schlagen oder zum Töten bringen, sind die Zombies zu Forschungsgegenständen wohlmeinender oder verrückter Wissenschaftler geworden. Sie erzählen Parallelgeschichten von der Beruhigung und Heilung der Zombies, durch die sie ihre Menschlichkeit scheinbar wiedererlangen oder aber trotz dieser vergeblichen Bemühungen in ihre alten Gewohnheiten verfallen.[13] Im Genre des ökonomischen Mainstreams sollten Zombies geheilt und versorgt werden. Es wurde anerkannt, dass sie keineswegs von sich aus effizient agieren, dass man sie vielmehr angesichts eines nicht ganz perfekten Markts zu einem derartigen Verhalten drängen muss, und nicht zuletzt, dass Zombies keinen Zugang zu perfekten Informationen darüber haben, wo es Fleisch zu fressen gibt, und dieses wahrscheinlich nur dann finden und verzehren können, wenn sie kooperieren und teilen.

Im ökonomischen Mainstream legte dies das Fundament des neuen Keynesianismus. Er glaubte, dass die Welt der Zombies nicht nur verstanden, sondern auch kontrolliert werden kann. Als frappierendes Beispiel eines verrückten, aber wohlgesonnenen Ökonomen kann der einstige Chefökonom beim Internationalen Währungsfonds (IWF), Olivier Blanchard, gelten. In seinem Arbeitspapier, das vermutlich relativ zügig publiziert werden musste, schlägt er Folgendes vor:

»Lange Zeit nach der explosionsartigen Ausbreitung der Makroökonomik in den 1970er-Jahren glich das Feld einem Schlachtfeld. Allerdings hat sich, hauptsächlich aufgrund nicht wegzudiskutierender Fakten, über die Zeit eine gemeinsame Auffassung sowohl der Fluktuationen als auch der Methodologie herausgebildet. Nicht alles ist gut. Wie alle Revolutionen, hat auch dieser Umsturz die Zerstörung einiger Wissensbereiche

12 Radikale Monetaristen, die stellvertretend für die NKM stehen können.

13 Diese beiden Momente kommen in der BBC-Serie *In the Flesh* am besten zur Geltung.

> nach sich gezogen, wie in allen Revolutionen grassiert in ihm auch Extremismus und Herdenbildung. Nichts von alledem aber tödlich [sic]. *Die Makro befindet sich in einem guten Zustand*« (Blanchard 2008; Hervorhebung d. Verf.; eigene Übers.).

Kurz darauf zog Blanchard schon ganz andere Seiten auf. In Form einer *mea culpa* legte er fünf ›Geständnisse‹ ab, in denen erklärt wurde, dass sich die Makro doch nicht mehr in einem so guten Zustand befände und eine niedrige Inflation zu einem zentralen politischen Ziel erklärt werden sollte; der Zinssatz sei das einzige Mittel, dies zu erreichen; Fiskalpolitik spiele ferner eine geringe Rolle; Finanzregulierung sei keine makroökonomische Angelegenheit; und die ›Great Moderation‹[14] garantiere mehr oder weniger eine längerfristig stabile Lage.

Gemäß der Auffassung, dass der Markt nur kleinere Unvollkommenheiten habe, hatte das Vertrauen in die Makro bedeutet, dass wir die Zombies in unserer erträumten Zombiewelt kontrollieren könnten, und diesem Gedanken hatte dann auch die weitere Verwässerung des sowieso schon verwässerten Keynesianismus in der sogenannten ›New Consensus Economics‹ (NCE) entsprochen, die den Hintergrund von Blanchards Aussage gebildet hatte, die Makro befinde sich in einem guten Zustand. Bezeichnenderweise stimmte die NCE mit einem Teil, ja vielleicht sogar mit dem Großteil der NKM überein. Beibehalten wurden rationale Erwartungen, repräsentative Individuen und mikroökonomische Grundsätze. Die NCE wich nur darin von der NKM ab, dass sie die Ineffizienz mancher Märkte zuließ, in denen das Clearing nicht sofort abläuft: Manche Zombies finden kein Fleisch, auch wenn es irgendwo da draußen liegt. Es folgte daraus, dass der Staat bis zu einem gewissen Grad intervenieren kann, indem er den Zinssatz adjustiert und damit die Wirtschaft ankurbelt oder abbremst. Damit wurde dem System aber eine inflationäre Trägheit attestiert, und als einziges Mittel gegen Inflation, inflationäre Erwartungen und den Vertrauensverlust in den Staat galt die Erhöhung der Zinssätze.

Die globale Finanzkrise erschütterte diese Theorie, und ihre politische Perspektive wurde durch das Scheitern der quantitativen Lockerung (*quantitative easing*) zerschlagen, da die Zombies auch durch die größtmögliche Reduktion der Zinsen nicht dazu ermutigt werden konnten, in die Suche nach Fleisch zu investieren. Mit einigen Ausnahmen, auf die wir weiter unten eingehen werden, haben wir nun unseren Rückblick der Entwicklung der Zombieökonomik von ihren Anfängen bis zur Finanzkrise von 2008ff. abgeschlossen. Folgende Entwicklungen können hervorgehoben werden: die Aufspaltung der Disziplin in Makro- und Mikroökonomik (die einherging mit der zunehmenden Ausgrenzung der angewandten Wirtschaftswissenschaft); die Reduktion der Mikroökonomik auf FA2; die Unterscheidung von Kurz- und Langzeit; die Übernahme der Makroökonomik durch die Mikroökonomik; die zunehmende Radikalisierung der Makroökonomik, die darin besteht, rationale Erwartungen, perfekt funktionierende Märkte und repräsentative Individuen anzunehmen und die Rolle des Staates und seiner Wirkungsmacht zu minimieren; und schließlich die sehr zaghafte Reaktion auf diese Extreme in Form des völlig erfolglosen NCE, nachdem die ›Great Moderation‹ zur globalen Finanzkrise geführt hatte.

14 Die Zeit ab Mitte der 1980er-Jahre, in der es keine größeren Finanzkrisen gab.

3

Das Zombiegenre dreht sich um den Hunger nach Menschenfleisch und die Ansteckung der menschlichen Opfer; Tiere stehen, außer vielleicht spaßeshalber als Beilagen, eher selten auf der Speisekarte. Der ökonomische Mainstream ist seinem Genre voraus, insofern er seine Zähne nicht nur in seinesgleichen schlägt, sondern im Rahmen seiner imperialistischen Bestrebungen auch in andere Disziplinen. Genauer gesagt, wurden die Grundsätze der FA2 im Rahmen des sogenannten alten ökonomischen Imperialismus bzw. in dessen erster Phase, die mit dem Namen Gary Becker verbunden ist, auf Bereiche jenseits des Marktes angewandt, allerdings so, als ob es dort einen Markt gäbe. Vor dem Untergang des Keynesianismus entstanden drei Forschungsrichtungen – die Kliometrie (die neue Wirtschaftsgeschichte), die *Public Choice*-Theorie (Politik als Kosten-Nutzen-Kuhhandel) und die Humankapital-Theorie (Bildung als reine Investitionsfrage). Aber mit der monetaristischen Konterrevolution und der Unterordnung der Makroökonomik unter die Mikroökonomik gewann der ökonomische Imperialismus vor allem bei wirtschaftswissenschaftlichen Forschungsfeldern einen immer größeren Spielraum, insbesondere im Bereich der Makroökonomik.

Verblüffenderweise wandte sich während einer zweiten Phase ein neuer ökonomischer Imperialismus vor allem gegen die in der ersten Phase entwickelte analytische Stoßrichtung, die stark von der Vorannahme perfekt funktionierender Märkte abhing. Teilweise lag dies daran, dass man den Keynesianismus dadurch retten wollte, dass man die von der NKM vertretene These eines automatischen Clearings ablehnte. Das Augenmerk wurde also darauf gelegt, ineffiziente, zähflüssig funktionierende oder gänzlich abwesende Märkte mithilfe jener mikroökonomischen Prinzipien zu untersuchen, gemäß derer man annahm, dass die Informationslage der einen oder anderen Partei in einem Tauschhandel nicht perfekt, sondern asymmetrisch sei, beispielsweise im paradigmatischen Fall von ›Akerlofs Markt‹.[15] In dieser Weise gewann man auch zu außerökonomischen Faktoren, etwa Institutionen, einen analytischen Zugang, der es (Ökonomen wie Fachfremden) erlaubte, diese nicht bloß als perfekte Quasi-Märkte, sondern als Reaktionen auf Schwächen des Marktes aufzufassen. Es entstand dann eine ganze Reihe neuer Forschungsfelder, die die ökonomische Analyse auf nicht-ökonomische Bereiche ausweiteten und die Problemstellung des älteren ökonomischen Imperialismus mit neuem Leben füllten. Die meisten jener disparaten Felder, die oben als angewandte Wirtschaftswissenschaften apostrophiert wurden, gerieten dabei in die Einflusssphäre der Mikroökonomik, und induktive Methoden und Inhalte wurden von mathematischen Modellen und der Ökonometrie ersetzt.

Man kann sechs weitere Aspekte dieser zweiten Phase des ökonomischen Imperialismus hervorheben, die über die Ausdehnung seines Gegenstandsbereichs hinausgehen. Erstens

15 Zur Beschreibung des neuen ökonomischen Imperialismus als ein Kuhn'sches Paradigma vgl. Fine 2004; in Bezug auf den Kontext der Entwicklungsökonomik vgl. Fine 2002. (›Akerlofs Markt‹ ist das Modell eines Markts, dessen Produktqualität aufgrund von asymmetrischer Information zwischen Käufer und Verkäufer stetig sinkt. [Anm. d. Übersetzers])

stellt sich die Verbindung der FA2 mit Konzepten, die den Traditionen, Methoden und Theorien anderer Sozialwissenschaften entstammen, unweigerlich als inkonsistent, ja sogar inkohärent heraus, selbst wenn sie aus der wirtschaftswissenschaftlichen Warte heraus sinnvoll erscheint. Beispielsweise könnte man die Motivation individuellen Verhaltens anreichern, auch wenn man sich damit Fragen darüber einhandelt, wo eine Verhaltensform anfängt und aufhört; und soziale Kategorien wie Geschlecht, Herkunft oder Klasse werfen wiederum die Frage auf, wie sie sich mit dem methodologischen Individualismus[16] zusammenbringen lassen. Kurz: Wo hört der Zombie auf und wo beginnt der Mensch?

Gleich Zombies, die zwischen Leben und Tod stehen, können einige Grundsätze der Ökonomik suspendiert werden, sodass die FA2 zwar unhinterfragt gelten, Teile von ihnen aber mehr oder minder willkürlich außer Kraft gesetzt werden, wenn es darum geht, Verhaltensweisen durch andere Faktoren zu erklären. Sowohl das Vertrauen in die FA2 als auch der Versuch, ihnen andere Faktoren an die Seite zu stellen, wird von Herbert Simons hervorgehoben, dessen Kommentar nahelegt, dass die 1930er-Jahre den Wirtschaftswissenschaften zwei Konzepte bescherten, diejenigen der ›Unternehmensidentität‹ und der ›begrenzten Rationalität‹. Simon klagt: »Man freute sich nicht über diese Geschenke. Die meisten Ökonomen sahen nicht ein, wieso sie für ihre Tätigkeiten Relevanz besitzen könnten, und ignorierten sie soweit es ging, um sich wieder dem Zählen der Engel auf den Spitzen neoklassischer Nadeln zu widmen« (Simon 1999: 113; eigene Übers.). Ähnliches gilt für die Spieltheorie, die, obwohl sie unmittelbar nach dem Zweiten Weltkrieg von Ökonomen entwickelt wurde, erst dann richtig vom ökonomischen Mainstream akzeptiert wurde, als ihre potenzielle (oder suspendierte) Unvereinbarkeit mit dem methodologischen Individualismus übergangen werden konnte. Diese Unvereinbarkeit bestand darin, dass sie die Berücksichtigung des Weltbilds der jeweils anderen Spieler voraussetzte, und daraus folgte, dass individuelle Präferenzen und Handlungen nicht unabhängig von der Gruppe entstehen und nicht zum ökonomischen Gleichgewicht beitragen.

Zweitens hat sich das freizügige Fluktuieren zwischen der Anpreisung und der Aufgabe der eigenen ökonomischen Prinzipien derart intensiviert, dass es als Markenzeichen einer dritten Phase des ökonomischen Imperialismus gelten kann, während derer die Grundprinzipien mehr oder weniger ganz über Bord geworfen wurden und nur das Grundgerüst mathematischer Modelle und ökonomischer Schätzungen übrigblieb. Aufgrund dieses Umstands behauptete Toni Lawson, einer der Anführer des kritischen Realismus, es gäbe die neoklassische Wirtschaftswissenschaft gar nicht (wobei er sich teilweise auf die heutzutage kaum mehr relevante Definition von Veblen bezog), und er attestierte dem (unzulänglichen) Mainstream eine Abhängigkeit von deterministischen mathematischen Modellen, wenn es darum ging, empirische Regelmäßigkeiten (und die ihnen gemäße soziale Ontologie) zu entdecken. Aber damit wird die Tatsache übersehen, dass die Disziplin die Prinzipien des Mainstreams, die sich aus den FA2 speisen, nicht vollständig aufgegeben hat; sie sind immer noch das Herzstück einer von ihnen geprägten Lehre, und dies gilt auch für die Forschung, wenn auch in geringerem Maß aufgrund der Neuheit der Suspendierungen. Die Rede von ›Freakonomics‹ oder von

16 Der Begriff bezeichnet die neoklassische Methodik, nicht von Kollektiven oder Institutionen, sondern vom einzelnen Akteur auszugehen. (Anm. d. Übersetzers)

›economics of almost everything‹ bringt schließlich diese dritte Phase des ökonomischen Imperialismus gut auf den Begriff. Es ist kaum zu glauben, dass Vertreter der eigenen Disziplin den Begriff ›Freakonomics‹ prägten, um anzudeuten, dass es alles analysieren könne, was es analysieren wolle.

Drittens lassen sich die Prinzipien der Disziplin in dieser neuesten Phase des ökonomischen Imperialismus auf immer mehr Gebieten anwenden, allerdings auf bruchstückhafte und widersprüchliche Art und Weise. Es gibt mehr und mehr Felder und Studien, denen kein einheitlicher analytischer Zugang zugrunde liegt, wenn man einmal von den (suspendierten) FA2 und einer idiosynkratischen Vorliebe für Marktmechanismen absieht. Ausgehend von den FA2 und dem marktwirtschaftlichen Determinismus von Angebot und Nachfrage hat die Wirtschaftswissenschaft um sich gegriffen und das gesamte Universum urknallartig ausgefüllt. Diese Anarchie zeigt sich beispielsweise daran, dass die neue Institutionenökonomik zu genau der Zeit entstand, als die Idee des sozialen Kapitals innerhalb der Wirtschaftswissenschaften Anwendung fand, wobei diese beiden Zugänge völlig unterschiedlichen intellektuellen Ursprüngen entstammen, trotzdem aber dieselbe Rolle erfüllen, sprich den Einfluss außerökonomischer Vorgänge auf die Wirtschaft in Rechnung stellen. Diese beiden Richtungen existieren direkt nebeneinander und treten zugleich überhaupt nicht in Wechselwirkung, wie man etwa am Werk des Nobelpreisträgers Elionor Ostrom sehen kann (vgl. Fine 2010). Darüber hinaus zieht die Forschung zu sozialem Kapital und zu *rent-seeking*[17] aus dem gleichen analytischen Grundgerüst gegenteilige Schlüsse zum Einfluss des Nichtökonomischen auf das Ökonomische (vgl. Fine 2010b).

All dies deutet viertens auf das, was *bringing back in* (BBI) genannt wurde. Wie bereits skizziert, konnten sich die FA2 nur durch eine Implosion etablieren, also durch den Ausschluss jeglicher Faktoren, Methoden, Realismen oder im engen Sinne formalisierten Annahmen, die ihnen im Weg standen. Der Urknall des ökonomischen Imperialismus markiert den Punkt, von dem an diese Implosion sich in ihr Gegenteil verkehrt und die FA2 sich explosionsartig innerhalb und außerhalb der Grenzen des eigenen Fachs verbreiten. Es gibt zwar No-Go-Areas, beispielsweise jene von der Postmoderne beeinflussten Sozialwissenschaften, die sich mit der Bedeutung sozialer und ökonomischer Aktivitäten oder der Ethnographie etc. beschäftigen (insbesondere mit Hinblick auf die Welt des Konsums, die in anderen Sozialwissenschaften nicht auf festgelegte Nutzwerte/Identitäten und auf den symbolischen Inhalt von Gütern reduziert werden kann); dennoch ist BBI die Quintessenz der inkonsistent-inkohärenten Form, die der suspendierte Charakter des ökonomischen Imperialismus annimmt. Die FA2 konnten sich eben nur aufgrund des Ausschlusses jenes Inhalts durchsetzen, der nun überraschenderweise durch die Hintertür wieder hereingeholt wird und erklärt werden oder als erklärende Variable dienen soll.

Fünftens deuten sich darin sowohl die Stärken als auch die Schwächen des Mainstreams an. Eine seiner intellektuellen und institutionellen Stärken besteht im unhinterfragten

17 Der Begriff bezeichnet das Streben von Interessengruppen, Unternehmen und anderen Marktakteuren nach der Erschließung, Verteidigung oder Verbesserung von Einkommenserzielungschancen im Marktbereich mithilfe politisch erwirkter Privilegien. (Anm. d. Übersetzers)

Festhalten an den FA2, obwohl sie manchmal suspendiert werden; in früheren Zeiten hätte man sie deshalb vielleicht (im Rahmen der Konzepte der begrenzten Rationalität und/oder der Spieltheorie) in Zweifel gezogen. Der Mainstream hat wiederum zwei Schwächen. Erstens reichen die zentralen Disziplinen laut der allgemein vorherrschenden Meinung nicht einmal aus, um den Wirtschaftsprozess zu erklären (um von generelleren Problemen ganz zu schweigen). Man sieht sich deshalb dazu genötigt, ihren Rahmen zu überschreiten und eine potenziell unbegrenzte Reihe nicht-ökonomischer Variablen und Analysen einzuführen. Im Zuge seiner explosionsartigen Verbreitung in allen Sozialwissenschaften kommt das Fach ferner in Kontakt mit alternativen Theorien, Methoden, Konzepten und Methodologien, die sich mit der extremen und veralteten Abhängigkeit vom methodologischen Individualismus, vom Empirismus, von Deduktionen usw. nicht in Einklang bringen lassen. Auch für Zombies gilt, dass sie zwar unkaputtbar sind, aber gegen überlegene Fähigkeiten kaum ankommen!

Sechstens erklärt dies zumindest intellektuell die absolute Intoleranz des Mainstreams nicht nur gegenüber alternativen Forschungsansätzen, sondern auch gegenüber anderen Disziplinen, beispielsweise gegenüber der Geschichte ökonomischen Denkens und ökonomischer Methoden. Intellektuell ist er derart angreifbar gegenüber Alternativen, dass er sich ihnen gegenüber nur durchsetzen kann, indem er sie marginalisiert oder sich nur auf der Basis seiner eigenen rigiden Konzepte, die durch BBI oder die Suspendierung allerhöchstens abgeschwächt sind, mit ihnen auseinandersetzt. Begründet wird dies, indem man den heterodoxen Wirtschaftswissenschaften jene wissenschaftliche Strenge abspricht, die für die theoretischen und empirischen Methodiken mutmaßlich charakteristisch ist; und das, obwohl diese Methodiken geradezu inkonsistent und inkohärent sind und sich nur vorgeblich an die Strenge naturwissenschaftlicher Methoden halten.

4

Dieser Gesamtüberblick über die Disziplin und ihren Kontext sollte erklären, warum der Mainstream nicht nur unfähig war, die globale Finanzkrise zu erklären und neue politische Lösungen anzubieten, sondern auch auf diese Unfähigkeit selbst zu reagieren. Zombies sind beschränkte Wesen, auch wenn man sie noch so vielen Experimenten aussetzt. In dieser Hinsicht fehlt es der Wirtschaftswissenschaft nicht unbedingt an analytischem Spielraum, wie sich anhand des weitreichenden Einflusses des ökonomischen Imperialismus sowie der zählebigen Abhängigkeit dessen, was vormals als guter Zustand der Makro galt, zeigt. Das eigentliche Problem besteht vielmehr in der Art und Weise, wie die Disziplin auf ihr fremde Stoffe zugreift und dabei die Entwicklung alternativer Vorgehensweisen weitestgehend verhindert, außer, wenn diese nur minimale Veränderungen mit sich bringen. Dies ist eine Folge der Suspendierung von FA2, die den Inhalt und die Form der jüngsten Phase des ökonomischen Imperialismus bestimmt. So kann dieser nur unvollständige und unzureichende Analysen anbieten, erweckt aber gleichzeitig den Anschein, als könne er sich mehr oder weniger allem widmen.

Dieses Syndrom zeigt sich insbesondere daran, dass der Mainstream ein Fachgebiet auslässt: die heterodoxe Politische Ökonomie. Genauer gesagt, fand der Begriff der

›Finanzialisierung‹ im Jahrzehnt nach der Weltwirtschaftskrise schlagartig Verbreitung in den Sozialwissenschaften, wodurch höchst verschiedene Theorien, Methoden, Disziplinen, Zugänge, Thematiken und Methodologien miteinander in einen Dialog gebracht wurden, der das vernachlässigte Thema der Finanzen wieder auf die Tagesordnung brachte. Besonders auffällig ist in diesem Zusammenhang, dass der Mainstream es versäumt hat, sich an diesem akademischen Projekt in irgendeiner Weise zu beteiligen. Es liegt auch auf der Hand, warum er das nicht getan hat – ganz im Gegensatz zu manch anderen Schlagworten wie ›Globalisierung‹ oder ›soziales Kapital‹, mit denen er sich aus seiner Warte heraus beschäftigt hat, ist dem Begriff ›Finanzialisierung‹ eine Widerstandskraft gegeben, insofern er systemisch ist, d.h. sich mit Strukturen, Beziehungen, Prozesse und Wirkungsweisen beschäftigt und dabei Konflikt- und Machtverhältnisse reflektiert. Die Beschäftigung mit nur einem dieser Phänomene, aber insbesondere mit all diesen Phänomenen, wenn man sie zusammennimmt, ist sogar den am meisten suspendierten und tolerantesten Formen des ökonomischen Imperialismus ein Dorn im Auge – man versuche nur, sich eine Verhaltensökonomik der Finanzialisierung vorzustellen!

Ebenso wichtig ist aber, dass dieselbe Logik des ökonomischen Mainstreams, die sich während der globalen Finanzkrise in der Vernachlässigung der Finanzialisierung offenbarte, am Werk ist, wenn es darum geht, sich anderer Themenbereiche anzunehmen, die entweder stiefmütterlich behandelt oder inhaltlich abgespeckt wurden, seien es der technische Wandel, Verteilungsfragen, Monopolisierung, die Rolle des Gesundheits- und Bildungswesens für die Wirtschaftsleistung usw. Diese Themen werden, wie ich ausgeführt habe, nicht etwa übergangen, sondern nur aus der Warte der unsystematischen, unvollständigen und suspendierten FA2 behandelt, und dies verleiht der Disziplin überraschenderweise immer noch ein beträchtliches Maß an innovativer Energie, wenn es darum geht, sowohl heterodoxe politökonomische als auch interdisziplinäre sozialwissenschaftliche Alternativen an den Rand zu drängen.

Ein düsteres Bild zeichnet sich ab, das in scharfem Kontrast zu den vorhergehenden großen Krisen der 1930er- und 1970er-Jahre steht, als der Keynesianismus und die monetaristische Konterrevolution die Disziplin grundlegend veränderten. Im Gegensatz dazu scheint sie heutzutage relativ ungestört zu sein, und obwohl sie sich schnell verändert, bleibt sie sich stets gleich und wechselt nur die Form ihres ökonomischen Imperialismus. Foucarde hat darauf hingewiesen, dass der Spielraum und politische Einfluss heterodoxer Wirtschaftswissenschaften von Land zu Land sehr verschieden sein kann (vgl. Foucarde 2010). Allerdings sieht sie sich in einem späteren Text gezwungen, einen Grund für die mutmaßliche Überlegenheit der Ökonomen und deren Begründungsstrategien zu finden (vgl. Foucarde et al. 2015). Diese Überlegenheit wurde über die Zeit sogar ausgebaut, wie Foucarde mit Rückgriff auf viele Fallbeispiele zeigt, aber wohl am eklatantesten anhand von Frankreich, das sich nun offenbar an den Mainstream angepasst hat.[18] Die eine Ausnahme,

18 Vgl. die Petition *Pluralism, now!* (http://assoeconomiepolitique.org/petition-pluralism-now/); sowie Heise/Thieme 2015, die die Geschichte des früheren Niedergangs der deutschen heterodoxen Politischen Ökonomie beschreiben, wobei sie die Verantwortung leider ein Stück weit dem Opfer in die Schuhe schieben. Vgl. Lee 2012, der die heterodoxen Strömungen allgemein gegen den Vorwurf verteidigt, selbst Schuld zu haben an ihrem Schicksal.

die die Regel mehr als bestätigt, ist Griechenland, in dessen Syriza-Regierung zahlreiche machtlose Professoren aus den heterodoxen Wirtschaftswissenschaften hineingespült wurden. Dies deutet vielleicht darauf hin, dass es nur einen sicheren Weg gibt, wie sich alternative Wirtschaftswissenschaften gegenüber dem Mainstream durchsetzen können: ein radikaler Politikwechsel, der seinerseits nur dann gelingt, wenn jene politischen Kräfte Unterstützung finden, die diese Alternativen bevorzugen.

Aus dem Englischen übersetzt von Philippe Roepstorff-Robiano

Literatur

Al-Jazaeri, Humam (2008): *Interrogating Technical Change through the History of Economic Thought in the Context of Latecomers' Industrial Development: The Case of the South Korean Microelectronics, Auto and Steel Industries*, London: University of London, Unveröffentlichte Promotion.

Alt, James E./Shepsle, Kenneth A. (Hg.) (1990): *Perspectives on Positive Political Economy*, Cambridge: Cambridge University Press.

Arestis, Philip/Sawyer, Malcolm (Hg.) (2004): *The Rise of the Market*, Camberley: Edward Elgar.

Bernstein, Peter L. (1992): *Capital Ideas: The Improbable Origins of Modern Wall Street*, New York: Free Press.

Blanchard, Olivier (2008): »The State of Macro«. In: *NBER Working Paper* Nr. 14259, http://www.nber.org/papers/w14259.pdf (15.08.2017).

Davis, John B. (Hg.) (1997): *New Economics and Its History, History of Political Economy*, Bd. 29: Supplement, Durham/NC: Duke University Press.

Fine, Ben (2002): »Economics Imperialism and the New Development Economics as Kuhnian Paradigm Shift«. In: *World Development* 30: 12, 2057-2070.

Fine, Ben (2004): »Economics Imperialism as Kuhnian Revolution«. In: *The Rise of the Market*, hg. v. Philip Arestis/Malcolm Sawyer, Camberley: Edward Elgar, 107-144.

Fine, Ben (2008): »Zombieconomics: The Living Death of the Dismal Science in the Age of Neo-Liberalism«, Paper für ESRC Neoliberalism Seminar, 1. April 2008, https://eprints.soas.ac.uk/5621/1/Zombiekean.pdf (15.08.2017).

Fine, Ben (2009): »Development as Zombieconomics in the Age of Neo-Liberalism«. In: *Third World Quarterly* 30: 5, 885–904.

Fine, Ben (2010): »Beyond the Tragedy of the Commons: A Discussion of *Governing the Commons: The Evolution of Institutions for Collective Action*«. In: *Perspectives on Politics* 8: 2, 583-586.

Fine, Ben (2016): »From One-Dimensional Man to One-Dimensions Economy and Economics«. In: *SOAS Department of Economics Working Paper Series* 197.

Fine, Ben/Milonakis, Dimitris (2009): *From Economics Imperialism to Freakonomics: The Shifting Boundaries Between Economics and Other Social Sciences*, London: Routledge.

Fine, Ben/Jomo, Kwame Sundaram (Hg.) (2006): *The New Development Economics: After the Washington Consensus*, Delhi; London: Tulika/Zed Press.

FOURCADE, Marion (2010): *Economists and Societies: Discipline and Profession in the United States, Britain, and France, 1890s to 1990*, Ithaca: Princeton University Press.

FOURCADE, Marion/OLLION, Etienne/ALGAN, Yann (2015): »The Superiority of Economists«. In: *Journal of Economic Perspectives* 29: 1, 89-114.

FRIEDMAN, Milton (1999): »Conversation with Milton Friedman«. In: Snowden, Brian/ Vane, Howard R. (Hg.): *Conversations with Leading Economists: Interpreting Modern Macroeconomics*, Cheltenham: Edward Elgar.

HARRISON, Paul (1997): »A History of an Intellectual Arbitrage: The Evolution of Financial Economics«. In: Davis, John B. (Hg.) (1997): *New Economics and Its History, History of Political Economy*, Bd. 29: Supplement, Durham/NC: Duke University Press, 172-87.

HEISE, Arne/THIEME, Sebastian (2015): »What Happened to Heterodox Economics in Germany after the 1970s«. In: *Zentrum für Ökonomische und Soziologische Studien Universität Hamburg*, Diskussionspapier 49, https://www.econstor.eu/bitstream/10419/110348/1/824576012.pdf (15.08.2017).

KLAMER, Arjo (1984): *Conversations with Economists*, Totowa/NJ: Rowman and Allanheld.

LAWSON, Tony (2013): »What Is This ›School‹ Called Neoclassical Economics?« In: *Cambridge Journal of Economics* 37: 5, 947-983.

LAZEAR, Edward P. (2000): »Economic Imperialism«. In: *Quarterly Journal of Economics* 115: 1, 99-146.

LEE, Frederic S. (2012): »Heterodox Economics and its Critics«. In: *Review of Political Economy* 24: 2, 337-351.

MILONAKIS, Dimitris/FINE, Ben (2009): *From Political Economy to Economics: Method, the Social and the Historical in the Evolution of Economic Theory*, London: Routledge.

MORGAN, Jamie (Hg.) (2016): *What Is this ›School‹ Called Neoclassical Economics? Debating the Issues*, London: Routledge.

SIMON, Herbert A. (1999): »The Potlatch between Economics and Political Science«. In: *Competition and Cooperation: Conversations with Nobelists about Economics and Political Sciences*, hg. v. James Alt/Margaret Levi/Elinor Ostrom, New York: Russel Sage Foundation, 112-119.

Debatte

Zur Frage des Politischen in den Kulturwissenschaften. Vorbemerkung

Till Breyer, Rasmus Overthun, Philippe Roepstorff-Robiano und Alexandra Vasa

»What has become of the critical spirit? Has it run out of steam?« Bruno Latours Frage nach dem kritischen Geist der Wissenschaft (Latour 2004: 225) ist heute vielleicht aktueller denn je. Gerade die Kulturwissenschaften, die immer wieder einen emphatischen Kritikbegriff vertreten haben, sehen sich mit dem Vorwurf konfrontiert, einen kritischen Zugriff auf gesellschaftlich-politische Realitäten vernachlässigt, wenn nicht gar verstellt zu haben. Dies wird vor allem auf ihre methodische Ausrichtung zurückgeführt: Gemäß einem »Konstruktivismus, der in der heutigen Kultur- und Wissenschaftslandschaft in verschiedenen Spielarten sein Unwesen treibt«, richte sich die Aufmerksamkeit auf Zeichen, Symbole oder Diskurse, während der materielle Wirklichkeitsbezug abgedunkelt und eine »postmoderne Flucht vor den Tatsachen« betrieben werde (Gabriel 2016). Damit wird nicht zuletzt eine poststrukturalistische Theorietradition in Zweifel gezogen, die seit den 1960er-Jahren an der »Extremposition« gearbeitet habe, es »existiere womöglich gar keine Wirklichkeit« (Gumbrecht 2016).

Die solchermaßen eingeklagte ›Wirklichkeit‹ ist nicht von gesellschaftspolitischen Belangen zu trennen: Es sind »Fragen von Ungleichheit, Herrschaft und Ideologie«, die auf der Verlustseite eines »historistischen Antiessenzialismus« aufgeführt werden (Bude 2011/2012: 13f.). So scheint es, als sei den Kulturwissenschaften auch jenes Problemfeld der seit dem 19. Jahrhundert sogenannten ›sozialen Frage‹ entglitten, das etwa von (post-)marxistischen Historiker/innen vermessen und analysiert worden war. Dabei hat die Diskussion über die politische und akademische Sichtbarkeit von Klassenverhältnissen jüngst neue Impulse erhalten, unter anderem durch die Rezeption von Didier Eribons autobiographisch-soziologischem Essay *Rückkehr nach Reims* (Eribon 2016 [2009]). Eribons doppelter Blick auf seine proletarische Herkunft und auf den identitätspolitischen Aspekt seiner Homosexualität sondiert persönliche Erfahrungen der Scham, um darin Klassenstrukturen lesbar zu machen (vgl. Linck 2016). Zugleich rekonstruiert Eribon, wie die Frage der Klasse im Gegensatz zu derjenigen der sexuellen Identität im Zuge eines ›neokonservativen‹ Gesellschaftsumbaus von der französischen Linken dethematisiert und schließlich fallengelassen worden sei. Die Leerstelle werde nun erfolgreich von rechts durch Begriffe von Volk und Territorium besetzt.

Innerhalb der Kulturwissenschaften werden die genannten Krisenbefunde zunehmend diskutiert. Ungeachtet der Behauptung, es habe sich am »Reck« der Kulturwissenschaft und ihrer Nachbardisziplinen »ausgeturnt« (Geisenhanslüke 2013: 118), wird bereits ein sozialer und politischer *turn* ausgelotet, der eine Reaktion auf den *cultural turn* in der zweiten Hälfte des 20. Jahrhunderts markieren soll (Brüns 2008; Stiemer et al. 2017). Gleichzeitig werden Vorbehalte gegenüber einer auf ›naive‹ Weise engagierten Forschung laut, die die Kontinuitäten und auch Innovationen der gegenwärtigen kulturwissenschaftlichen Kritik ignoriere. Wie also steht es um das Politische in den Kulturwissenschaften und was ist darunter jeweils zu

urn:nbn:de:hbz:6:3-zfk-2017-20637

verstehen? An welchen Begriffen oder Gegenständen konkretisiert sich ihr politischer Wirklichkeitssinn? Vereiteln die vorherrschenden Methoden und Analysekategorien tatsächlich die Auseinandersetzung mit der gesellschaftlichen Wirklichkeit? Wurde über die Beschäftigung mit kulturellen Konstruktionen von Herkunft und Geschlecht der Begriff der Klasse aus den Augen verloren? Sollten demgegenüber die Kulturwissenschaften ihre Verbindungen zur Soziologie aktualisieren? Oder braucht es gar einen grundlegenden ›socio-political turn‹, gerade auch angesichts der mehrfachen Krisenszenarien der Gegenwart? Welche Perspektiven hält dabei die Geschichte kulturwissenschaftlicher Forschung und Zeitdiagnostik bereit?

An Doris Bachmann-Medick und die sechs Respondent/innen geht unser herzlicher Dank für ihre Bereitschaft zu Stellungnahme und Dialog.

Jenseits der Konsensgemeinschaft – Kulturwissenschaften im ›socio-political turn‹?

Doris Bachmann-Medick

»I see cultural research as a kind of post-cultural studies, building on the competencies, achievements and aspirations of cultural studies but taking it into a more concretely social and practical direction« (Ang 2006: 188).

In einer ›Streitschrift‹ beklagten Wolfgang Maderthaner und Lutz Musner schon vor zehn Jahren, die Kulturwissenschaften hätten sich im Zeichen der Postmoderne auf das Symbolische und Textuelle reduziert. Dabei seien ihnen »die Kategorien des Sozialen, die Kategorien von Gesellschaft, Ökonomie, Politik et cetera schlicht abhanden gekommen« (Maderthaner/Musner 2007: 25, 29). An die Stelle der konkreten Wirklichkeitserfahrung sei deren symbolische Repräsentation getreten, an die Stelle des Realen dessen Simulation. Gegenwärtig hat sich die Lage in dieser Hinsicht noch ins Absurde verschärft: Statt realer Fakten macht sich die Rede von ›alternativen Fakten‹ breit, wird mit *fake news* argumentiert. Aus Sicht der Kulturwissenschaften erscheint dies alles wie eine verzerrte Folge ihres massiv übertriebenen Konstruktivismus entlang der Frage: Ist Realität doch nur eine Frage der Konstruktion?

Kritische Kulturwissenschaften – so schon Maderthaner und Musner – halten diese Frage jedoch nicht etwa gleich für einen Befund. Sie fordern vielmehr, »die Frage nach den Wechselwirkungen von Politik, Ökonomie und Kultur ebenso zu stellen wie jene nach der Übersetzung von sozial und wirtschaftlich ausdifferenzierten Lebenswelten in symbolische Sphären, Diskurse und Praktiken« (115). Solche Forderungen nach einem *reaching out* der kulturwissenschaftlichen Forschung in gesellschaftliche Problemlagen hinein sind bis heute fast ungehört verhallt. Und doch lässt sich gut an sie anknüpfen, wenn gegenwärtig – über den wiederentdeckten Realitätssinn der neueren Evidenz- und Präsenzforschung noch hinaus (vgl. Lethen/Jäger/Koschorke 2016) – der Ruf nach einem stärkeren Gesellschaftsbezug der Kulturwissenschaften lauter wird.

Oder haben wir es in den angloamerikanischen *Cultural Studies* – nach der zumeist marxistisch orientierten Ära Stuart Halls – sowie in den ohnehin weniger politisierten deutschen Kulturwissenschaften etwa mit einer *post politics*-Situation zu tun? Gemeint ist eine Situation, in der »the political terrain to the sphere of consensual governing and policy-making« verengt wird, »centered on a technical, managerial and consensual administration (policing) of environmental, social, economic or other domains« (Swyngedouw 2011: 77). Entwerfen analog dazu nicht auch die Kulturwissenschaften ihre Theorien als Rahmenmodelle einer Konsensbildung, mit der die anstehenden Analyseprobleme leichter gemanagt werden können? Und entspräche dies nicht geradezu der Entwicklung der Universitäten zu Unternehmen mit klaren Managementstrukturen, Kommerzialisierungstendenzen und umfassenden Governancestrategien, wie dies vor zwanzig Jahren schon Bill Readings in seinem Buch *The University in Ruins* (1996) vorausschauend beschrieben hat?

Im Widerstreit mit solchen Tendenzen – man kann sie neoliberal nennen – muss sich die kulturwissenschaftliche Forschung den dringenden gesellschaftlichen Herausforderungen stellen. Globalisierung, Klimawandel, Migrationspolitik, Terrorismus, Finanzkrisen stehen hier beispielhaft für brisante Problemfelder, die eben nicht allein technische Problemlösungen verlangen, sondern vor allem auch kulturwissenschaftliche Reflexionen der involvierten Werte, Vorstellungen, Verantwortlichkeiten, Widerständigkeiten und Handlungsspielräume. Hierzu erscheint eine sozio-politische Öffnung der Kulturwissenschaften an der Zeit, welche die schon erwähnte Selbstreferentialität der Kulturwissenschaften hinter sich lassen müsste, d.h. ihre Übertreibung von Zeichenbezügen und Repräsentationen, ihre Rhetorik des Symbolischen, des Textuellen, ja ihren überspannten Konstruktivismus. Selbst dann aber stünde immer noch ein anderes Hindernis im Weg: die Selbstreferentialität der (Kultur-)Theorie. Diese besteht nicht bloß in der Abkoppelung der Kultur von der Gesellschaft. Sie besteht meines Erachtens auch darin, dass die widersprüchlichen Positionen und Konfliktlagen, die an den gesellschaftlichen Phänomenen aufbrechen, im analytischen Zugang durch ein Theoriegefüge kanalisiert werden, das eher auf Konsensbildung angelegt ist – selbst dann, wenn man nicht vereinheitlichenden Paradigmen folgt, sondern den Gleisen der Theorieschulen (Strukturalismus, Poststrukturalismus, Dekonstruktivismus, bis hin zum Posthumanismus), aber auch den wechselnden *turns*, welche die Theorieentwicklung der Kulturwissenschaften in den letzten Jahrzehnten geprägt haben.

Offensichtlich hat sich unbemerkt ein Konsensdruck eingeschlichen, der bei aller Differenzierungsfreude der Kulturwissenschaften doch auch komplexitätsreduzierend wirkt. In der Einigung auf Konstruktivismus und Anti-Essentialismus bestätigt sich diese Tendenz ebenso wie in der Abnutzung kritischer Methoden und Konzepte zu rituellen Mantraformeln wie etwa der Intersektionalitäts-Triade von *race-class-gender* (vgl. Knapp 2005). Schreibt man z.B. bestimmten Phänomenen ›Hybridität‹ zu, dann erspart man sich damit, kulturelle Überlagerungen und Mischungen nach ihren einzelnen Strängen der Hybridisierung, ihren verschiedenen Schichtungen und internen Widersprüchlichkeiten genauer aufzufächern. Die theoretisch eingeführten Schlüsselbegriffe wie etwa Hybridität und Identität legen allzu leicht eine synthetisierende Anschauung nahe, die Konsensbildung und ›Meistererzählungen‹ den Weg bereitet. Damit hat die kulturwissenschaftliche Theorie- und Fachsprache einen Korridor geschaffen für möglichst störungsfreie Verständigung innerhalb verabredeter akademischer Begrifflichkeiten. Was dabei jedoch vernachlässigt wurde, ist eine begriffliche Phantasie, aber auch die Entwicklung eines objektnahen Begriffsrepertoires, um die unterschiedlichen Standpunkte und Selbstbezeichnungen der gesellschaftlichen Akteure hereinzuholen und von da aus kontroverse Problemeinschätzungen zu ermöglichen und zu schärfen. Dazu freilich wäre eine begriffs- und jargonkritischere und somit auch debattenfreudigere analytische Herangehensweise zu entwickeln, welche die Komplexität so zergliedert, dass sie eher den Blick öffnet auf abweichende Sichtweisen, auf widersprüchliche Interpretationsperspektiven, ja auf die unterschiedlichen »ways of worldmaking« (Nünning et al. 2010) mit ihren sozial eingebundenen Erzählsträngen.

Eine gesellschaftsbezogene Erweiterung der Kulturwissenschaften kann nur gelingen, wenn diese in der Theoriesphäre seit längerem eingespielte Konsensgemeinschaft wieder in Frage gestellt, aufgesplittert und neu organisiert wird. Das heißt freilich nicht: Trumpistische Aufspaltungen, Entfremdungen und Vereinfachungen innerhalb ein und derselben Gesellschaft mitzuvollziehen. Es heißt aber durchaus, solche Phänomene als Spitze eines Eisbergs kulturwissenschaftlich überhaupt erst einmal wahrzunehmen. Denn es wird immer wichtiger, Kulturen nicht auf Überzeugungssysteme hin zu synthetisieren, sondern wahrzunehmen, welche unterschiedlichen Referenzsysteme in einer Gesellschaft am Werk sind, und darüber nachzudenken, in welcher Sprache sie von den Kulturwissenschaften adressiert und aktiviert werden könnten.

Wie aber ließe sich vermeiden, dass die gesellschaftlichen Vielschichtigkeiten und Widersprüchlichkeiten nicht im Durchgang durch die Gleisbildungen der Theorie eingeebnet werden und schließlich in einen theoretischen *mainstream* münden, der die tendenzielle Abkapselung der Kulturwissenschaften gegenüber den kulturellen und sozialen Phänomenen und Akteuren noch bestärkt? Verweisen die zunehmenden Anzeichen eines ›socio-political turn‹ *der* (nicht nur *in den*) Kulturwissenschaften auf einen gangbaren Weg?

›Socio-political turn‹ und *matters of concern*

Wie lässt sich ein ›socio-political turn‹ in den *humanities* und Sozialwissenschaften eigentlich positionieren? Es reicht nicht, ihn einfach als Neuzugang in die Kette der bestehenden *cultural turns* einzureihen. Vielmehr scheint ein tiefergreifender Wandel auf dem Weg zu sein, der mit einem veränderten Referenzhorizont der Kulturwissenschaften insgesamt einhergeht: waren es zunächst Transdisziplinarität, dann Transkulturalität und weitere Trans-Erscheinungen (vgl. Brubaker 2016), so wird neuerdings der Fokus verstärkt auf Transgression in die Gesellschaft gelegt: es sind Grenzüberschreitungen in disziplinärer, kultureller, nationaler und vor allem in vertikaler Richtung, d.h. in andere Problem-, Diskurs- und Handlungsebenen hinein. Was sich nun abzeichnet, könnte man transgressive Kulturwissenschaften nennen.

In ähnlicher Richtung hat die Kunsthistorikerin Claire Bishop schon vor gut zehn Jahren die Wende-Formel eines »social turn in contemporary art« (Bishop 2006) eingeführt, sie zugleich aber auf den Prüfstein gestellt: Die gezielt sozial-politische Ausrichtung der Gegenwartskunst – deren Öffnung hin zu Kollektivität, Kollaboration und direktem sozialen Engagement, insbesondere als Intervention in lokale Handlungszusammenhänge – führe allzu leicht zu einer auf Kreativwirtschaft beruhenden neoliberalen, marktangepassten Form der Partizipation. Eine kritisch umgedeutete »participatory art« (Bishop 2016) hielte dagegen an der Eigenmacht ihrer ästhetischen Qualitäten fest. Könnte man sich in diesem umgedeuteten Sinn auch ›partizipatorische‹ Kulturwissenschaften vorstellen, die ebenfalls ausdrücklich zu ihren eigenen Analysewerkzeugen greifen – um mit ihnen soziale Bedingungen und Herrschaftsverhältnisse überhaupt erst thematisierbar zu machen? Müssen wir aber nicht auch dann den Elfenbeinturm verlassen?

Diese Frage findet mit dem Gestus des sozialen Selbstverständnisses immer leicht Zustimmung – nicht selten jedoch erweist sich dieser Gestus dann doch nur als ein performativer Akt von »cultural studies chic«. So jedenfalls die scharfe Beobachtung der australischen *Cultural Studies* Forscherin Ien Ang:

> »It is fair to say that as an intellectual practice confined almost exclusively within the academy, cultural studies is by and large seriously disengaged from the messy realities of social and political struggles of the day. Too often what is presented as radical or transgressive is no more than discursive posturing, performed as a kind of what Slavoj Zizek calls ›cultural studies chic‹« (Ang 2006: 185).

Auch ein solcher Veränderungsgestus scheint nämlich leicht in die Konsensbahnen einzuschwenken, die von den Kulturwissenschaften als einem Überzeugungssystem bereitgestellt werden.

Also alles nur Rhetorik? Wo und wie sollte man stattdessen ansetzen? Sollte man sich eher in die Tradition von Stuart Hall und Edward Said einreihen und eine ›weltbezogene‹ intellektuelle Praxis vorantreiben, ein *worlding of theory*? In diesem Horizont setzt Lawrence Grossberg im Titel der Einleitung zu seinem Buch *Cultural Studies in the Future Tense* einen noch schärferen Akzent: »We All Want to Change the World« (Grossberg 2010: 1). Ein *worlding* der Kulturtheorie sollte sich mit einer derart umfassenden Weltveränderungsgeste aber auch nicht überfordern. Vielleicht würden kleinere Schritte die Kulturwissenschaften weiter voranbringen: indem sie beschreiben, analysieren, mit der Entwicklung kritischer operativer Konzepte, alternativer ›Erzählungen‹ und Gegengedächtnisse eher indirekt auf die Umgestaltungsmöglichkeiten von Wirklichkeitsverhältnissen einwirken und dabei Machtabhängigkeiten herausarbeiten: »Cultural studies explores the historical possibilities of transforming people's lived realities and the relations of power within which those realities are constructed« (Grossberg 2010: 8).

Setzen wir also indirekter an und lassen einen ›socio-political turn‹ bereits auf dem Feld der Theorie beginnen: indem wir Gelenkstellen markieren, an denen Anschlüsse von Konzepten, Theorien und Ideen an gesellschaftliche Problemfelder stattfinden können. Das entspricht zwar noch keineswegs dem aktivistischen Prinzip eines Forschens ›mit‹ statt Forschens ›über‹, wie es die neueren Area Studies betonen (vgl. u.a. Freitag/von Oppen 2005: 5f.). Aber es ist doch ein unverzichtbarer Vermittlungsschritt: Anschlussstellen zu identifizieren, Relationen zu erkennen, neue Verknüpfungen zu bilden, die man nicht auf den ersten Blick erkennt, sondern eben erst durch kulturwissenschaftliche Analysen, so etwa durch Intersektionalitätsforschung oder durch postkoloniales Aufdecken von Machtverhältnissen und Ungleichheiten. Ein derart relationaler Forschungsansatz erinnert an Lawrence Grossbergs »claim of contextuality« (Grossberg 2010: 20ff., 140ff., 169ff.). Damit sind vor allem Anschluss-Kontexte freizulegen, über welche auch die großen gesellschaftlichen Zukunftsherausforderungen lokalisiert und von da aus handhabbar gemacht werden können, seien es Klimawandel, Altern, digitale Überwachung, Terrorismus, Migrationsprozesse und weltpolitische Konfliktlagen. Es sind gerade die gezielten kulturwissenschaftlichen Grenzüberschreitungen – hin zu Kunst und Musik, aber auch zu den Regionen des Ökonomischen –, die über die Konzeptualisierungsimpulse solcher Kontaktzonen neue gesellschaftliche Wahrnehmungsformen freisetzen.

Wenn beispielsweise Migration in künstlerischen Installationen oder Videos zur Anschauung gebracht wird, werden deutlich andere, affektive und erfahrungsnähere Wirklichkeitsbezüge angesprochen als in einer nüchternen wissenschaftlich-begrifflichen Analyse. Und wiederum wichtige Übersetzungsprozesse kommen in Gang, wenn eine der brennendsten weltpolitischen Problemregionen, das Konfliktfeld zwischen Israel und Palästina, auf einer ungewohnten Ebene zugänglich gemacht wird: in einem ausdrücklich kulturwissenschaftlich konzipierten Projekt des Zusammenwirkens von israelischen und palästinensischen Musiker/innen – so in der jüngst eröffneten Barenboim-Said-Akademie in Berlin, basierend auf dem 1999 gegründeten West-Eastern Divan Orchestra.

Eine noch ganz andere Form der kulturwissenschaftlichen Grenzüberschreitung findet statt, wenn sich neuerdings die Kulturwissenschaften zu Ökonomie und Management hinwenden und umgekehrt die Management Studies zu den Kulturwissenschaften (vgl. Bachmann-Medick 2017). Aber auch hier geht es um eine sozio-politisch relevante Aufgabe: um ein Durchleuchten der verbreiteten (nicht selten reduktionistischen) Ökonomievorstellungen, ihres Verständnisses von Werten, von Management, von kulturellen Hierarchien und Machtasymmetrien in den weltweiten Markt- und Marketingverhältnissen. Mit solchen unterschiedlichen Formen der Grenzüberschreitung betreten die Kulturwissenschaften längst nicht mehr nur interdisziplinäres Terrain. Sie setzen sich vielmehr einer Auseinandersetzung über gesellschaftliche und wirtschaftliche *concerns* aus, die eine Haltung von Verantwortlichkeit und Ethik in der kulturwissenschaftlichen Forschungspraxis und Analyse unverzichtbar macht.

Der Gesellschaftsbezug, ja die gesellschaftliche Relevanz der Kulturwissenschaften entscheidet sich also nicht erst in der praktischen Intervention und Umsetzung, sondern ganz klar bereits auf der Ebene der eigenen kulturwissenschaftlichen Konzept- und Theoriearbeit. Richtungweisend ist die Verlaufsstruktur der Theoriewenden selbst (dazu allgemein Bachmann-Medick 2014: 26f.). Dies zeigt sich exemplarisch an der Herausbildung des *spatial turn*: Raum und Räumlichkeit markieren hier zunächst einen neu fokussierten Untersuchungsgegenstand, werden dann jedoch meist inflationär, als bloße Metaphern verwendet. Eine Raumwende kommt aber erst zustande, wenn konkrete raumbezogene Analysekategorien entwickelt werden und ein epistemologischer Sprung geschieht – hin zu *spatial thinking*. Soweit die übliche Verlaufsstruktur. Bemerkenswert ist hier aber die noch weitergehende sozio-politische Drehung: das Ausgreifen der kulturwissenschaftlichen Analyse auf gesellschaftliche *concerns* der Raumpolitik – verkörpert etwa in solch engagierten Konzepten wie »spatial justice« und »rights to the city« (vgl. Soja 2010).

Im Sinn dieser letzten Stufe der Entwicklung nicht nur des *spatial* sondern auch anderer *turns* ließe sich an Bruno Latours Vorschlag anknüpfen, von den Science Studies aus eine neue Form des Empirismus stark zu machen: indem man gerade nicht bloße »matters of fact« als Referenzpunkte nimmt, sondern vielmehr »matters of concern« (Latour 2004: 231). Auch die Kulturwissenschaften könnte dies dazu anstoßen, *matters of concern* auszumachen und damit die Bahnen der Theorie den eher kontroversen, konfliktreichen Gesellschaftsszenarien auszusetzen. Dabei sind die Untersuchungsgegenstände – im Unterschied zu bloßen *matters of fact* – in ihrer hochkomplexen Assemblage als gesellschaftliche Anliegen wahrzunehmen und ernstzunehmen, d.h. in ihrer Einbindung in historische und soziale Praxiszusammenhänge, in die ein ganzes Ensemble/Kollektiv von menschlichen und nichtmenschlichen gesellschaftlichen Akteuren einbezogen wird – mit ihren sehr verschiedenen Motivationen, Interessen, Affekten, Imaginationen usw. Die Aufmerksamkeit dreht sich also weg von der Konsensgemeinschaft und Selbstbestätigung der Theorie hin zur sozialen Adressierung und zum Involviertsein der beteiligten Subjekte und Objekte.

Ansatzpunkte transgressiver Kulturwissenschaften

Matters of concern – als Bezugspunkte kulturwissenschaftlicher Forschung taugen sie nicht, solange man sich nur in einer rhetorischen oder gar romantisierenden Geste zu ihnen bekennt. Müssten nicht stattdessen deutlichere Vermittlungsschritte ausdifferenziert werden? Um mit dem schwierigsten Schritt anzufangen: Dies wäre der Versuch, durch konkrete Interventionen und Übergriffe in gesellschaftliche Prozesse und Praxisverläufe die kulturwissenschaftliche Theorie aus der Konsensgemeinschaft herauszuführen. Schon das Expertenwissen wird dabei öffentlich herausgefordert, indem die Fachsprache zum Zweck einer gemeinsamen Wissensgewinnung massiv auf die Probe der allgemeinen Verständigung gestellt wird – wie im übrigen bereits in den Ansätzen einer dialogischen Anthropologie, die in den 1970er-Jahren schon den Versuch einer kollektiven gesellschaftlichen Verständigung über kulturelle Bedeutungen gemacht hat.

An solche Versuche, an ihr Gelingen und Scheitern, ließe sich anschließen, wenn gegenwärtig transgressive kulturwissenschaftliche Projekte verfolgt werden, z.B. in der Arbeit mit Geflüchteten – wobei die Rückbindung an praktische lokale Initiativen als Ausgangspunkt für kulturwissenschaftliche Analysen sicherlich am weitesten führt. Die lang geübte kulturwissenschaftliche Kategorienreflexion von Fremdheit und Integration, von Multikulturalität und Vielsprachigkeit stößt hier auf Realitäten, erfährt im Forschen ›mit‹ statt Forschen ›über‹ eine große Herausforderung, nicht zuletzt als Härtetest für die Fachsprache und den kulturwissenschaftlichen Jargon. Eine Vielzahl von Projekten stellt sich dieser Herausforderung, wobei nicht nur die beispielhaften Aktivitäten der ›Geschichtswerkstätten‹ seit den 1980er-Jahren bemerkenswert sind. Neuere Initiativen richten sich unter anderem auf die Erprobung von Theatertechniken im Sprachunterricht mit Geflüchteten, auf die Diskussion von kulturwissenschaftlichem Wissen in der interkulturellen Krankenhausarbeit (Tabus, Gesundheitsvorstellungen, religiöse Widerstände gegen Behandlung usw.), auf *living knowledge*-Projekte, auf Museumsarbeit mit und durch Flüchtlinge sowie auf juristisch-kulturwissenschaftlich untermauerte Refugee Law Clinics. Weitere konkrete Anzeichen eines ›socio-political turn‹ über die akademische Sphäre hinaus gibt es etwa im Kontext des von Ien Ang näher beschriebenen »turn toward community engagement« (Ang 2006: 194) (am Beispiel des australischen Centre for Cultural Research in Sydney), aber auch der *public humanities* in den USA, nicht zu vergessen die vielfältigen Ansätze hierzulande, so etwa das Museumsprojekt Multaka, das mit (syrischen) Flüchtlingen als Museumsführer im Museum für Islamische Kunst in Berlin zusammenarbeitet oder die vom GCSC in Gießen veranstalteten Versuche öffentlicher Wissenschaftskommunikation: Werkstattgespräche als partizipatorischem Raum der Erarbeitung kulturwissenschaftlichen Wissens, z.B. im Feld der Migration. Für all diese Ansätze ist kennzeichnend, dass sie auf die lokalen Verhältnisse und Aktivitäten abgestimmt sind, in denen Umgangssprachen zur Geltung kommen. Sie operieren besonders wirkungsvoll auf einer *small-scale*-Ebene, während sich die *macro-scale* taugliche wissenschaftliche Analysesprache eher auf die übergreifenden Globalisierungsprozesse richtet.

Der Gesellschaftsbezug der Kulturwissenschaften besteht jedoch nicht vorrangig in derartigen politisch-aktivistischen Transgressionen. Als Kulturwissenschaftler/innen sollten wir nicht zuletzt unser eigenes Metier einer Beobachtung zweiter Ordnung ausschöpfen, die reflexive und selbstreflexive Ebene also, um dort neue Begriffsbildungen und operative Konzepte zu entwickeln. Der Falle einer Reifikation der Begriffe wie Identität, Differenz usw., in die man bei zu unmittelbarer gesellschaftlicher ›Umsetzung‹ läuft, ließe sich am besten entgehen, wenn man einen Schritt der ›Übersetzung‹ dazwischen legt (zu Kulturwissenschaften als Übersetzungswissenschaften in diesem Sinn vgl. ausführlicher Bachmann-Medick 2011). Immerhin können von hier bereits Veränderungsimpulse ausgehen, sofern wir unseren theorieuntermauerten konsensorientierten Habitus aufgeben, um stattdessen Translationsgelenkstellen zu markieren, an denen von unterschiedlichen Aktionsebenen aus, von der Wissenschaft wie von der gesellschaftlichen Handlungssphäre, Eingriffsmöglichkeiten nahegelegt werden.

Da ist vor allem das Herausarbeiten gesellschaftlich relevanter Themenbrennpunkte und *concerns* (wie der schon erwähnte Klimawandel). Aber auch hier sollte es gerade nicht nur darum gehen, neue theoriegesättigte Problemrahmen aufzustellen. So führt es nicht weiter, nur auf der Makroebene mit einem generellen Problemrahmen wie etwa dem des ›Anthropozän‹ zu argumentieren. Denn allzuleicht schwenkt man auch hier in einen kulturwissenschaftlichen Konsensdiskus ein, der dann doch wieder existierende Differenzen überschreibt, seien es soziale Ungleichheiten, unterschiedliche Werte und Einstellungen zum Klimawandel, Ängste und Visionen der Betroffenen, Marginalisierungen oder Machthierarchien in den unterschiedlichen Regionen der Welt (vgl. Neimanis et al. 2015). Erst kürzlich hat Dipesh Chakrabarty daran erinnert, dass der Diskurs des Anthropozäns selbst nur bei bestimmten, überwiegend westlichen Intellektuellen überhaupt angekommen ist (Chakrabarty 2017: 10f.) – also auch hier ist Vorsicht geboten, einen ›socio-political turn‹ als Folge bestimmter gesellschaftlicher Krisendiskurse global zu verallgemeinern.

Zusammenfassend lässt sich vorläufig festhalten: Kulturwissenschaften können analysieren und neu benennen. Sie identifizieren und diagnostizieren Wirklichkeitsverhältnisse, z.B. die Situation von Geflüchteten, und eröffnen damit alternative Sichtweisen und Blickwinkel, die zu Veränderungen im Handeln führen können. Die kulturwissenschaftliche Theorie hat dabei das Potential, Gelenkstellen zu markieren, von denen Übersetzungsprozesse in gesellschaftliche Kontexte hinein ausgehen können. Wie ein solches Potential auch angesichts historischer Untersuchungsfelder zur Geltung gebracht werden könnte, müsste noch gezielter diskutiert werden – schließlich sind Kulturwissenschaften keine bloßen Gegenwartswissenschaften.

Kulturwissenschaften vollziehen jedenfalls keineswegs nur dadurch einen ›socio-political turn‹, dass sie ein aktivistisch-politisches Programm verfolgen. Vielmehr stellen sie Bedingungen der Möglichkeit für politisch-soziale Positionierung her, nicht zuletzt auch für transnationale Auseinandersetzungen über Kultur und Kulturpolitik im Zeichen von Globalisierung. Dabei interessieren sie sich gerade nicht für die bloße Konstellation der Wirklichkeitsphänomene (*matters of fact*), sondern auch für die Haltungen, Einstellungen, Ängste, Vorstellungen, Träume, Visionen, Affekte und Hoffnungen, mit denen diese verknüpft sind und die sie überhaupt erst zu *matters of concern* machen. Von daher sind die Kulturwissenschaften unweigerlich dazu herausgefordert, sich mit den Menschen, die sie ›untersuchen‹, selbst zu befassen. Dies verlangt am Ende eine quasi ethnographische und zugleich ethisch reflektierte Herangehensweise, welche keinesfalls die akademische Sphäre insgesamt verlassen muss, wohl aber die Schonräume eines verengten theoretischen Einverständnisses – relational ausgerichtet, nach Möglichkeiten einer kollaborativen Forschung zumindest Ausschau haltend und immer fragend: Wer sind die anderen, die und mit denen man (er)forscht? Und wer setzt die Forschungsmaßstäbe?

Michael C. Frank

1.

Mit ihrem Plädoyer für eine »gesellschaftsbezogene Erweiterung der Kulturwissenschaften« knüpft Doris Bachmann-Medick an einen programmatischen Aufsatz Ien Angs an, die eine entsprechende Neuorientierung bereits 2006 für die anglophonen *Cultural Studies* forderte. Es lohnt sich in meinen Augen, beide Texte gegenüberzustellen, da sich auf diese Weise die Position Bachmann-Medicks kontrastiv schärfer konturieren lässt. Zugleich treten einige offene Punkte zutage, zu denen ich die Autorin gerne befragen würde.

Allen Erfolgen der *Cultural Studies* in der englischsprachigen Welt zum Trotz zeichnet Ien Ang das Bild eines Faches, das von einem »persistent sense of crisis« (Ang 2006: 184) geplagt sei. Das vermeintliche Unbehagen in den Kulturwissenschaften führt Ang unter anderem darauf zurück, dass dieses Fach von jeher – zumindest dem eigenen Selbstverständnis nach – ausgesprochen politisiert sei, es gleichzeitig aber von (vollauf berechtigten) Zweifeln an der eigenen gesellschaftlichen Relevanz umgetrieben werde. Ang schreibt: »[C]ultural studies' *sentiment* has always been overwhelmingly on the side of the subaltern, the subordinate, the marginalized« (184). Die Frage sei nur, so Ang weiter, ob mit diesem Anspruch ein tatsächlicher politischer Beitrag einhergehe. Erst an dieser Stelle wird deutlich, dass Ang keineswegs eine rein fachimmanente Krise beschreibt, sondern dass sie hochschulpolitische Gegebenheiten vor Augen hat. Sie erinnert an die Tatsache, dass Universitäten zunehmend neoliberalen, unternehmerischen Zwängen ausgesetzt sind, wobei die über Fördermittel entscheidenden Qualitätskriterien – in Großbritannien ebenso wie in Australien, wo Ang unterrichtet – mittlerweile ganz selbstverständlich auch den außeruniversitären »impact« von Forschung beinhalten, sprich: die Wirkung, die über die Grenzen des akademischen Diskurses hinaus erreicht wird. Der australische Forschungsrat (ARC) erwartet gar einen »national benefit« (186). Ang fordert nun, aus der Not eine Tugend zu machen und den äußeren Zwängen nicht mit Widerstand zu begegnen (der ohnehin zwecklos wäre), sondern mit Kreativität. Darin nämlich stecke eine Chance: Der Ruf der *Cultural Studies*, sie produzierten nur nutzloses Wissen, könne auf diesem Wege korrigiert werden – womit Ang ihrem Neuentwurf der Kulturwissenschaften eine pragmatisch-funktionalistische Wendung gibt (die in Bachmann-Medicks deutlich idealistischerem Vorhaben fehlt).

Doch worin genau soll der geforderte Dienst an der Gesellschaft bestehen? Ien Ang verweist exemplarisch auf die Aktivitäten des Centre for Cultural Research an der University of Western Sidney, wo sie seit 1996 Professorin ist. ›Kulturforschung‹ nimmt dort die Gestalt von *community engagement* an – im Rahmen von Kooperationen mit diversen universitätsexternen Institutionen und Akteuren, die für das kommunale und städtische (Zusammen-)Leben verantwortlich sind oder es kulturell gestalten. Gemeinsam mit diesen unterschiedlichen Partnern versuchen sich die Vertreter/innen der *Cultural Studies* an der Bewältigung alltäglicher gesellschaftlicher Herausforderungen (von den Auswirkungen des Rucksacktourismus auf Wohngegenden in Strandnähe bis hin zur Frage danach, wie sich Krankenhäuser auf ihre zunehmend multiethnische Patientenschaft einstellen können). Dabei bringen die beteiligten Wissenschaftler/innen nicht bloß eine bereits bestehende Expertise zum Einsatz, sondern nutzen die jeweils bearbeiteten Problemfelder dazu, das eigene Theorierepertoire zu überprüfen und anhand des gewonnenen empirischen Materials weiterzuentwickeln. Dergestalt, so Angs Fazit, lasse sich ein ökonomischer Zwang in eine gleichermaßen intellektuelle wie politische Chance verwandeln.

Aus deutscher Perspektive stellt sich angesichts dieser Ausführungen die Frage nach der Übertragbarkeit der von Ien Ang formulierten Diagnosen und Empfehlungen auf die hiesige Situation. Liegen hierzulande nicht vollkommen andere institutionelle Voraussetzungen und Anforderungen vor? Ang ist seit nunmehr zwei Jahrzehnten Professorin für *Cultural Studies*, ein Fach, das an deutschsprachigen Universitäten nicht in vergleichbarer Weise Fuß gefasst hat. Zwar hat sich das Label ›Kulturwissenschaften‹ als neuer Über- und Sammelbegriff für bereits bestehende Disziplinen innerhalb der (ehemaligen) Geistes- und Sozialwissenschaften etabliert oder ist Einzeldisziplinen ergänzend hinzugefügt worden, die *Cultural Studies* im engeren Sinne haben jedoch oftmals nur den Status einer Zusatzqualifikation, die man den Vertreter/innen der etablierten Stammfächer abverlangt, als etwas, das sie ebenfalls noch beherrschen und in Forschung und Lehre abdecken sollen, ohne dass man es als genuine Kernkompetenz einfordern und auch anerkennen würde. Im deutschsprachigen Kontext ist Doris Bachmann-Medick als Literaturwissenschaftlerin, die mittlerweile dezidiert und schwerpunktmäßig als Kulturwissenschaftlerin wirkt, eine Ausnahmeerscheinung (was mit dem besonderen Status des Gießener International Graduate Centre for the Study of Culture zusammenhängt). Meine erste Frage an sie lautet daher: An wen genau richtet sie ihren Appell? Ang schickt sich an, eine eigene Disziplin mit dem Namen *Cultural Studies* in eine neue Bahn zu lenken – und eben nicht nur ein von verschiedenen Disziplinen aus beackertes Forschungsgebiet. Wie aber könnte das geforderte »*reaching out* der kulturwissenschaftlichen Forschung in gesellschaftliche Problemlagen hinein« in der hiesigen universitären Landschaft aussehen, wo die kulturwissenschaftliche Forschung (noch) nicht in gleichem Maße einem Nützlichkeitsdiktat unterliegt, und wo den beteiligten Fächern (wie zum Beispiel meinem eigenen, der Anglistik) von Haus aus andere Dinge abverlangt werden als ›Kulturforschung‹ in dem von Ang beschriebenen Sinne?

2.

Es ist sicherlich kein Zufall, dass das von Ang als ultimative Problemlösung gepriesene kommunale Engagement für Bachmann-Medick nur *eine* Variante der »transgressiven« kulturwissenschaftlichen Forschung darstellt. Gemäß Bachmann-Medick muss die geforderte »sozio-politische Öffnung der Kulturwissenschaften« auch und vor allem auf der Ebene des wissenschaftlichen Diskurses selbst vonstattengehen. Dort nämlich sieht sie solipsistische Tendenzen am Werk, welche die Kulturwissenschaften ihres epistemologischen Potentials zu berauben drohen. Wie Bachmann-Medick einleitend konstatiert, sind die Kulturwissenschaften heute weitgehend abgeschottet gegenüber »Wirklichkeitserfahrung«, da sie sich einem »massiv übertriebenen« bzw. »überspannten Konstruktivismus« verschrieben haben, aus dessen Perspektive alles bereits als »symbolische Repräsentation« erscheint. Aufgrund dieses mangelnden Realitätsbezugs habe der kulturwissenschaftliche Diskurs eine selbstreferentielle, zirkuläre Struktur angenommen, dem das Korrektiv einer Konfrontation mit tatsächlichen gesellschaftlichen Problemen fehle. Dem schließt Bachmann-Medick die Diagnose eines »Konsensdruck[s]« an. Gemeint ist die Neigung, sich vorschnell auf theoretische Prämissen und Modelle zu einigen und diese dem untersuchten Material gleichsam unterzuschieben, anstatt umgekehrt die betrachteten Phänomene zum Anlass zu nehmen, das eigene konzeptuelle Repertoire einem *reality check* zu unterziehen.

Mit *reality check* scheint mir Bachmann-Medicks zentrale Empfehlung treffend beschrieben zu sein. Die geforderte Öffnung der Kulturwissenschaften soll sich ihrer Auffassung nach primär in einer Verabschiedung festgefahrener wissenschaftlicher Denk-, Seh- und Sprechgewohnheiten manifestieren. Unser Blick auf die »dringenden gesellschaftlichen Herausforderungen« ist demzufolge durch Theoriekonstrukte wie ›Hybridität‹ verstellt, an denen wir festhalten, um eine möglichst reibungsfreie Kommunikation innerhalb des eigenen Diskurses zu gewährleisten. Erst wenn wir aufhören, uns störenden Elementen von außen zu verschließen, kann eine Revision unseres »theorieuntermauerten konsensorientierten Habitus« erfolgen – und der wissenschaftliche Diskurs sein epistemologisches Potential zurückgewinnen. Im Idealfall wird er dann zu einem Impulsgeber, der seinerseits auf die soziale Wirklichkeit zurückwirkt.

Hier lässt sich freilich einwenden, dass die Projekte Angs und Bachmann-Medicks ja ihrerseits genau darin bestehen, einen (neuen) Konsens herzustellen. Schließlich fordern beide ein kollektives Umdenken und versuchen, möglichst viele Fachkolleg/innen hinter sich zu vereinen. Mehr noch, sie plädieren für eine grundlegende Neuausrichtung einer gesamten *scientific community*. Ferner könnte man Bachmann-Medick vorwerfen, dass sie ihres Zeichens den monierten Denk- und Sprechgewohnheiten verhaftet bleibt, wenn sie an zwei Stellen gleichlautend von »Anzeichen eines ›socio-political turn‹« spricht. Ist es inzwischen nicht zum akademischen Habitus geworden, den jeweils gewählten Ansatz im Sinne einer breiteren theoretisch-methodischen

Neuorientierung zu präsentieren? Das verleiht dem eigenen Beitrag ein größeres Gewicht – die Selbstverortung innerhalb einer Wende birgt stets ein gewisses Innovationspathos in sich – und hat überdies nicht zu unterschätzende arbeitsökonomische Effekte, die der größeren Schnelllebigkeit von Forschungstrends und der verkürzten Haltbarkeitsdauer wissenschaftlicher Studien Rechnung trägt: Wenn alles neu ist, dann erübrigt sich der zeitaufwendige und mühsame Blick in die Vergangenheit, wo Ähnliches womöglich durchaus schon versucht worden ist. Darüber hinaus stellen *turns* – obgleich sie den Charakter von »Differenzierungsimpulsen« (Bachmann-Medick 2014: 9) haben, wie Bachmann-Medick anderswo so erhellend darlegt – insofern selbst einen »Konsensdiskurs« dar, als sie das Einzelne zum Bestandteil eines größeren Ganzen machen und scharfe Grenzen zu einem Anderen, vermeintlich Überholten ziehen. Ist die Proliferation von *turns* nicht ihrerseits Ausdruck jener »Tendenzen«, von denen Bachmann-Medick einleitend sagt, man könne sie »neoliberal nennen« – das Übergreifen einer Drittmittelantragsrhetorik (die das eigene Tun gegenüber potentiellen Geldgebern legitimiert) auf den wissenschaftlichen Diskurs?

Meine zweite und abschließende Frage an die Verfasserin betrifft dementsprechend ihre Aussage: »Es reicht nicht, [besagten ›socio-political turn‹] einfach als Neuzugang in die Kette der bestehenden *cultural turns* einzureihen.« Wie Bachmann-Medicks Buch über *cultural turns* überzeugend argumentiert, haben derartige Neufokussierungen nicht den Status einer »›Mega‹wende« (Bachmann-Medick 2014: 7), sondern bleiben allesamt dem *cultural turn* verpflichtet, der wiederum im Fahrwasser des *linguistic turn* verharrt. Das als *linguistic turn* bekannt gewordene Phänomen bildet demzufolge den Rahmen, innerhalb dessen sich der *cultural turn* und alle weiteren Akzentverschiebungen abgespielt haben und weiter abspielen. Möchte Doris Bachmann-Medick mit dem ›socio-political turn‹ nun diesen Rahmen selbst verlassen? Ihr einprägsamer Buchtitel *Kultur als Text* von 1996 fasst die Abhängigkeit des *cultural turn* vom *linguistic turn* prägnant zusammen: Für die *Cultural Studies* ist Kultur ein System der Bedeutungsproduktion mittels Zeichen (»the production of meaning through language« [Du Gay et al. 1997: 13]), wie Stuart Hall und seine Koautor/innen zu Beginn ihrer einflussreichen Walkman-Studie betonen, weshalb dem Repräsentationsparadigma in einem weiteren, im selben Jahr erschienen Buch Halls zentrale Bedeutung eingeräumt wird (vgl. Hall 1997). Soll mit der Abkehr von diesem fundamentalen Ausgangspunkt der (klassischen) *Cultural Studies* eine Art *Cultural Studies 2.0* ins Leben gerufen werden, welche die aus dem *linguistic turn* erwachsene »Übertreibung von Zeichenbezügen und Repräsentationen« samt der damit einhergehenden »Rhetorik des Symbolischen, des Textuellen« ein für allemal »hinter sich [lässt]«? Dies würde dann allerdings der Auffassung widersprechen, dass sich die Kulturwissenschaften als Nebeneinander (und eben nicht als striktes Nacheinander) komplementärer *turns* präsentieren. Und wie mir scheint, kann gerade ein Phänomen wie die mehrfach zitierte Flüchtlingskrise (vom eingangs erwähnten Trumpismus ganz zu schweigen) am besten arbeitsteilig betrachtet werden, mit Blick *sowohl* auf die widerständigen Realitäten *als auch* auf die sie überformenden diskursiven Konstruktionen (sprich: Repräsentationen).

Christina von Braun

Der Beitrag von Doris Bachmann-Medick lässt mich ein wenig ratlos: Entweder er rennt offene Türen ein; dann hätte es nicht der Aufforderung bedurft, dass sich die Kulturwissenschaft (als Pflanze der Berliner Kulturwissenschaft verwende ich den Begriff lieber im Singular) von ihrem zirkulären Diskurs ohne gesellschaftliche Relevanz verabschiedet. Oder aber ich lebte bisher in einer anderen Welt und hatte eine andere Vorstellung von dem, was die Kulturwissenschaft kann und tut. Der Vorteil dieses disziplinären Zugriffs – ich verwende ausdrücklich nicht den Begriff ›Disziplin‹, weil er sich auf die Kulturwissenschaft nur begrenzt anwenden lässt – bestand für mich von Anfang an darin, verborgene Motive oder den unbewussten Motor zu erkennen, die hinter politischen, sozialen oder historischen Entwicklungen stehen. Meine Beschäftigung mit der Geschichte des Alphabets erwuchs aus dem Bedürfnis, die medizinischen Theorien über die Hysterie zu verstehen; die Einblicke, die ich mir in Religionsgeschichte und theologische Dogmen verschaffte, entstanden mit der Arbeit an der Geschichte des Antisemitismus; mein Interesse für die Zeichensysteme führte mich schnurstracks zur Geschichte des Geldes, ökonomischer Theorien und deren sozialer und politischer Auswirkungen. Andersherum habe ich die hochpolitisierte Debatte über das Kopftuch durch kulturhistorische Dimensionen auf eine andere Ebene zu bringen versucht. Insofern ist mir die Vorstellung eines fehlenden Gesellschaftsbezugs der kulturwissenschaftlichen Forschung schlicht fremd. Gewiss, es mag ihn bei einigen Autoren und Autorinnen geben, aber es sind nicht die, von denen ich am meisten gelernt habe.

Tatsächlich habe ich die Kulturwissenschaft immer als ein Feld verstanden, das entweder politische Ereignisse und Entwicklungen oder unterschiedliche ›konkrete‹ Forschungsergebnisse aus den Fächern Geschichte, Soziologie, Ökonomie, Medizin und Naturwissenschaften aufgreift und durch eine kulturwissenschaftliche Brille zu lesen versucht. Was ist das: eine kulturwissenschaftliche Brille? Sie erlaubt es, historische und aktuelle Entwicklungen unterschiedlicher Gebiete als zusammenhängend zu denken. So wird etwa erkennbar, dass es immer enge Querverbindungen zwischen dem Wandel medizinischer Erkenntnisprozesse und kunsthistorischen Entwicklungen gab: Da beide mit veränderten (und veränderlichen) Paradigmen des Sehens zu tun haben, wäre das Gegenteil auch überraschend. Eben weil die Kulturwissenschaft auf so vielen anderen Gebieten ›wildert‹ (was ihr ja auch oft zum Vorwurf gereicht), gelingt es ihr, unterschiedliche Forschungszugänge miteinander zu verbinden und zum Beispiel zu zeigen, dass es des Papiergeldes (Zeichensystem schlechthin) bedurfte, bevor gesellschaftlich relevante Theorien wie die von Karl Marx und Friedrich Engels formuliert werden konnten. Weil sie ›die Kultur‹ fokussiert, kann die Kulturwissenschaft deutlich machen, dass es *Kultur*techniken wie Pflug, Tierzucht, Ackerbau waren, die soziale Hierarchien schufen, und dass diese – dank einer weiteren Kulturtechnik: der Schrift – theologisch legitimiert wurden. Einem Blick, der ausschließlich die sozialpolitischen Verhältnisse im Auge hat und den Kulturtechniken eine marginale Bedeutung beimisst, entgeht dieser Zusammenhang notwendigerweise. Selbst der Begriff des Anthropozäns, der heute aus ökologischer und ökonomischer Sicht von kaum zu übersehender gesellschaftlicher Relevanz ist, macht nur Sinn, wenn man sich die historische Polarisierung von Kultur und Natur vergegenwärtigt und versteht, dass der Mensch in dieser Gegenüberstellung ein Synonym für Kultur ist. Dass er dabei die Möglichkeit schuf, sowohl mehr Menschen zu ernähren als auch zu töten, ist Teil desselben Erkenntnisvorgangs.

Andersherum formten die menschengeschaffenen Kulturtechniken auch den Menschen selbst. Das beste Beispiel dafür sind die monotheistischen Religionen. Gott, so sagt die Religion, hat den Menschen erschaffen. Aber es ist schon seltsam, dass sich dieser Gott ausgerechnet in dem historischen Moment offenbart, in dem ein neues, vom Menschen geschaffenes Werkzeug, nämlich das Alphabet, erfunden worden war. Keine andere Gottesvorstellung hat so tief in die Geschichte der Menschheit eingegriffen wie der Monotheismus, doch die Entstehung dieses Gottglaubens wurde erst denkbar, nachdem der Mensch (oder die Kultur) dieses körperferne Schriftsystem bereitgestellt hatte. Damit soll nicht gesagt sein, dass der Mensch das Alphabet erfand, um damit einen neuen Gott zu erschaffen. Die Entstehung des Alphabets entsprach eher einem pragmatischen Bedürfnis nach einem einfachen, leicht erlernbaren Schriftsystem. Dieses entwickelte dann jedoch eine eigene Wirkmacht – darunter ein neues Gottesverständnis.

Es mag gewagt erscheinen, die Schrift für die Entstehung einer neuen Religionsform verantwortlich zu machen, wo doch jede Heilige Schrift als Offenbarung eines vorgängigen Gottes verstanden wird. Doch in den Religionen selbst wurde der Gedanke einer Abhängigkeit der Religion von der Schrift durchaus reflektiert: In der Kabbala wird Gott ausdrücklich mit der Schrift gleichgesetzt. Die Schrift *ist* eine göttliche Macht, weil sie nicht dem Gesetz der Sterblichkeit unterliegt. Eben diese Erkenntnis macht die Sakralität des Textes aus. Deshalb ist es nicht erstaunlich, dass historisch so wirkmächtige Systeme wie Religionen als *Folge* von Schriftsystemen und deren Entwicklung zu begreifen sind. Die Alphabete wurden in einem kollektiven kreativen Akt von Menschen erfunden, aber das macht sie noch lange nicht zu einem Medium, dessen sich der Mensch bedient. Vielmehr formatieren die Schriftsysteme Menschen und deren Zusammenleben, und diese Formatierung impliziert auch die Entstehung neuer Gottesvorstellungen. Auch tut die Tatsache, dass ein Schriftsystem der Gottesvorstellung *vorausgeht*, dem Glauben nicht notwendigerweise Abbruch. Denn Schriften schaffen mentale, soziale und kulturelle Bedingungen, mit denen die Menschen umzugehen haben – und zu den Antworten auf diese veränderten Bedingungen gehört die Religion und gehören Narrative, wie die Bibel sie bietet. Kurz: So nebbich ist die Beschäftigung mit den Zeichensystemen gar nicht.

Die Kulturwissenschaft bietet die Möglichkeit, Zusammenhänge wie diese in ›großen Bögen‹ zu denken. Aber sie bietet auch das Instrumentarium, Phänomene in ihren Details zu studieren – darunter etwa den Entstehungskontext für eigene Denkmuster. Als die Berliner Kulturwissenschaft an der Humboldt-Universität nach der Wende neu gegründet wurde (es gab sie in der DDR schon ab 1961: »Wir wurden erfunden, um die Pastoren zu ersetzen«, so erklärte uns einer der Kollegen die Entstehung der Kulturwissenschaft innerhalb des DDR-Fächerkanons), setzte sich der Lehrkörper des Instituts je zur Hälfte aus Kolleg/innen mit DDR-Hintergrund und westdeutschen Kollegen zusammen. Am Anfang war der Dialog alles andere als einfach, zu groß waren die Unkenntnis voneinander und das Misstrauen untereinander. Dann richtete der Mittelbau ein institutsinternes Kolloquium ein, in dem sich die Lehrenden gegenseitig vom eigenen akademischen Werdegang berichteten; andererseits wurde auch über bestimmte Begriffe diskutiert. Diese Diskussionen waren Augen öffnend. So wurde etwa über den Begriff der ›Realität‹ diskutiert: Für die meisten ›Ossis‹ bezog er sich auf ökonomische oder soziale Erscheinungsformen, die jenseits evidenter Unterschiede wie Einkommensverhältnisse lagen (also etwa schichtspezifisches Freizeitverhalten). Die ›Wessis‹ dagegen verbanden mit diesem Begriff die Entstehungsmuster, nach denen solche sozialen Erscheinungen zustande kommen. Das klingt nach

Konstruktivismus, ich weiß, aber in Wirklichkeit ging es um ganz konkrete Fragen: Die Konsumgesellschaft der westlichen Welt hatte tiefe Zweifel an der ›Realität‹ von dem gesät, was man sehen und messen kann; so hatte man sich angewöhnt, danach zu fragen, *wie* bestimmte Erscheinungsformen, darunter soziale Unterschiede, entstehen. Das Wichtigste an diesen Diskussionen bestand jedoch darin, dass man – durch den ›interkulturellen‹ Vergleich (der ein ›interdeutscher‹ war) – die Parameter zu begreifen begann, nach denen sich die eigenen Denkweisen und Forschungsmuster entwickelt hatten. Zugleich erlebten wir bei diesem Prozess *in nuce* das, was Deutschland bei der Wiedervereinigung auf kollektiver Ebene erlebte. Mir jedenfalls haben diese Diskussionen im Institut und andere ähnliche Erfahrungen einen genaueren Einblick in die Prozesse gegeben, die sich seither im öffentlichen Raum vollzogen haben und bei denen bis heute Unterschiede zwischen ostdeutscher und westdeutscher Erfahrung spürbar sind.

Man könnte einwenden, dass Verstehen oder intellektuelles Begreifen noch nicht politisches Handeln beinhaltet. Das ist natürlich richtig. Aber ein politisches Handeln, dem keine Reflexion vorausgegangen ist, zeitigt selten gute Ergebnisse – und die Studierenden der Kulturwissenschaft, von denen sich viele politisch engagierten, saßen in den Lehrveranstaltungen, *weil* sie nach einem Instrumentarium für diese Reflexion suchten. Wenn es der Kulturwissenschaft gelingt, das Terrain zu bereiten, auf dem diese stattfindet, dann leistet sie – als Wissenschaft – etwas, das heute dringend gebraucht wird. Als mit der Lehman-Pleite von 2008 die Frage nach dem Finanzmarkt plötzlich im öffentlichen Raum stand, gab es zu diesem Thema so gut wie keine wirtschaftswissenschaftlichen, wohl aber einige kulturwissenschaftliche Forschungen. Sie stellten den Zusammenhang zwischen Theologie und Geldentwicklung, Sozialstruktur und Zeichensystem her. Heute sind es die naturwissenschaftlichen Erkenntnisse – etwa in der Genetik –, die in rasantem Tempo voranschreiten. Viele von ihnen werden schneller als prognostiziert umgesetzt (das gilt etwa für die Reproduktionsmedizin). Eine Kontrolle über die Konsequenzen dieser Entwicklungen findet innerhalb des Faches so gut wie nicht statt. Während es heute immerhin eine Medizingeschichte und -ethik gibt, findet die Reflexion über die Auswirkungen der biologischen Neuerungen fast nur außerhalb der Biologie statt: in der Wissenschaftstheorie und -geschichte. Diese ist nicht durch Zufall zu einem wichtigen Teil der Kulturwissenschaft geworden. Wer lange keine kulturwissenschaftlichen Veranstaltungen besucht oder die neuere Literatur durchstöbert hat, wird erstaunt sein, wieviel naturwissenschaftliches Wissen hier in den letzten Jahren akkumuliert wurde. In dieser Hinsicht ist die Kulturwissenschaft fast zu einem Sprachrohr der gesellschaftlichen Bedürfnisse geworden, mehr von dem zu verstehen, was sich hinter den verschlossenen Türen und in den Computern der Labore oder Banken abspielt. Sie stellt sich der Aufgabe, jener Reflexion gerecht zu werden, die heute sowohl vom akademischen Denken als auch im öffentlichen Raum eingefordert wird. Dies ist zugleich eines der wichtigsten Indizien dafür, dass die Kulturwissenschaft keineswegs den Bezug zur Gesellschaft aus dem Auge verloren hat.

Eva Blome

Liest man Doris Bachmann-Medicks Ausführungen, so stellen sich Fragen ein: Worüber und über wen reden wir? Und: Wer ist ›wir‹? Schließlich: Wer sind dann die ›anderen‹? Und nicht zuletzt: Was verstehen ›wir‹ eigentlich unter Kulturwissenschaften? In gewisser Weise sind diese Fragen lediglich eine Reformulierung derjenigen, die am Ende des Debattenaufschlags gestellt werden und die an einige zentrale Aspekte der *writing culture*-Debatte erinnern. Dass sie jedoch nicht ohne Weiteres zu beantworten sind, spricht meines Erachtens tendenziell dafür, dass wir es bei den Kulturwissenschaften bisher nicht mit einem auf Konsens beruhenden Feld zu tun haben. Darauf deuten nicht zuletzt auch die kulturwissenschaftlichen *turns* selbst hin, zumal, wenn sie weniger als Innovationen oder Ersetzungen vorheriger *turns*, sondern vielmehr im Sinne einer »Erweiterungslogik des Wissens und Forschens« (Assmann 2015: 579; vgl. auch Bachmann-Medick 2014: 421) und als *trigger* disziplinärer Auseinandersetzungen verstanden werden. Wobei bemerkenswert ist, dass interdisziplinäre Grenzüberschreitungen disziplinäre Grenzen nicht nur aufweichen, sondern zugleich auch zu einer Neujustierung der jeweiligen disziplinären Ränder beitragen (vgl. Raulet 2009: 79). Das wirkt sich auch auf den konkreten wissenschaftlichen Umgang mit spezifischen Leitbegriffen der Kulturwissenschaften (Differenz, Identität, Integration/Desintegration, Transgression usw.) aus, die weiterhin – auch, aber nicht nur in Abhängigkeit von den verschiedenen am Projekt Kulturwissenschaft beteiligten Disziplinen und »Häuptlingstümern« (Koschorke 2007: 173) – unterschiedlich diskutiert oder aufgefasst werden.

Die (Wissenschafts-)Geschichte der Kulturwissenschaften ist – trotz diverser Handbücher und Einführungen in das interdisziplinäre Forschungsfeld, trotz kulturwissenschaftlicher Lehrstuhldenominationen und Studiengängen – noch nicht geschrieben. Diejenige Geschichte der Kulturwissenschaften, die im Artikel Bachmann-Medicks anklingt, ist sicher nicht die einzige, die sich erzählen ließe – und ob diese unter Kulturwissenschaftler/innen Konsens ist, erscheint ebenso fraglich. Das betrifft etwa die oftmals gekappten, aber gleichwohl vorhandenen Traditionslinien, die zu den *Cultural Studies* führen. Eine konzise Geschichte der Kulturwissenschaften zu erzählen, auf deren Grundlage sich eine mögliche sozial-politische Wende deutlicher konturieren ließe, erscheint jedoch an dieser Stelle – nicht nur aus Platzmangel, sondern auch aufgrund der fehlenden Ausprägung der Kulturwissenschaft als Disziplin und der Disparität möglicher Historisierungsversuche – ebenfalls nicht möglich. Vielmehr lässt bereits die Unschärfe des Kulturbegriffs selbst ein solches Unterfangen problematisch erscheinen: »Kultur« nämlich, so Susanne Lüdemann, muss gerade »als derjenige semantische Raum (eben: universales Kommunikationsmedium) vermessen werden, in dem [...] Differenzen immer wieder ›dekomponiert‹ und [...] ›rekomponiert‹ werden können und müssen« (2007: 79). Demnach kann ›Kultur‹ als ein sich beständig durch Verschiebungen und in Relationalität befindliches Kräfteverhältnis verstanden werden. Nicht erst für gegenwärtige Entwicklungen, die kaum mehr in globale, inter-, trans- oder intrakulturelle Dynamiken unterschieden werden können, gilt daher, dass, wenn die Kulturwissenschaften Kultur(en) beobachten, stets Praktiken der Differenzierung, aber auch Prozesse des Vergleichens und der Herstellung von Ähnlichkeitsverhältnissen in den Blick geraten. Vor diesem Hintergrund erscheint es etwa sinnvoll, Kultur- und Literaturgeschichte als Vergleichs- (Epple/Erhart 2015) oder Verflechtungsgeschichte (Werberger 2012) zu betreiben. Dabei zeichnen sich die Kulturwissenschaften dadurch aus, dass sie anders als andere Forschungsrichtungen nicht von außen auf ihren Gegenstand schauen, sondern immer bereits Teil ihres eigenen Gegenstandsbereichs sind: Eine Grenze zwischen Kulturwissenschaften und ›Kultur‹ lässt sich schwerlich ziehen.

Was bedeutet dies nun für einen potentiellen ›social-political turn‹ der/in den Kulturwissenschaften? Aleida Assmann hat darauf hingewiesen, dass in der Auseinandersetzung mit *turns* unterschieden werden kann zwischen solchen *turns*, die ihr Entstehen innerwissenschaftlichen Dynamiken zu verdanken haben, und solchen, die von außen, durch neue Diskurse und gesellschaftliche Problemfelder angestoßen wurden, die »Teil eines *allgemeineren Kulturwandels*« (2015: 580; Hervorhebung im Orig.) sind. Zu diesen zählen etwa der *postcolonial turn* und der *gender turn* (vgl. dazu auch in etwas abweichender Perspektive Bachmann-Medick 2014: 412; Bachmann-Medick 2010: 5f.). Insofern könnte überlegt werden, ob bei diesen (und weiteren) Paradigmen, die zuallererst Ausdruck eines tief greifenden und weiterhin fortschreitenden kulturellen Bewusstseinswandels sind, überhaupt von *turns* gesprochen werden sollte. Nämliches gilt sicher auch für den ›social(-political) turn‹, denn hierbei handelt es sich doch um eine Reaktion der Kulturwissenschaften auf – oder besser: ihr eigenes Involviertsein in – gesellschaftliche Problemkonstellationen. Diese sind nun zwar alles andere als neu, aktuell treten sie aber in einer spezifischen Weise medial, kommunikativ und vor allem auch materiell *in Erscheinung*: Sie gewinnen neue, oft auch widersprüchliche *Formen* und rufen damit die – häufig und auch von Bachmann-Medick kritisierte und zugleich vollzogene – (kultur)wissenschaftliche (Selbst-)Reflexion auf das Programm.

Für einen ›social-poltical turn‹ gilt mithin, was etwa auch für den *gender turn* (vgl. Volkening 2017) gilt: Was als *turn* daherkommt, ist in Wirklichkeit längst etabliertes Forschungsthema – beispielsweise da, wo sozial- und kulturgeschichtliche Zugänge, wo etwa die Frage nach sozialen Ordnungen und Kultur, das Verhältnis von sozialer Stratifikation und Erzählung in ihrer Interdependenz in den Blick geraten, dort auch, wo Raumpolitiken, Genderpolitiken, koloniale Machtverhältnisse und soziale Ungleichheitsverhältnisse in ihrer Verschränktheit erforscht werden. Es heißt also, vorsichtig zu sein. Denn einen ›social-political turn‹, eine Wende, zu debattieren, kann auch damit verbunden sein, bereits geleistete Forschungen ins Abseits zu rücken. Angesichts dessen muss vielmehr danach gefragt werden, was der Einsatz und die Wirkung einer Rede vom *turn* eigentlich ist. Die weitergehende Hinwendung der Kulturwissenschaften zum Sozialen und Politischen ist meines Erachtens nur zu begrüßen, dabei gilt es aber umso mehr, das Kind nicht mit dem Bade auszuschütten, sondern Traditionslinien und etablierte Forschungsfelder sichtbar zu halten und sie kritisch weiterzuentwickeln. Ein Beispiel, auf das auch Bachmann-Medick zu sprechen kommt: Mit der Intersektionalitätsforschung ist bereits seit Längerem eine Perspektive in die Kulturwissenschaften eingezogen, die trotz vieler offener Fragen zwar inzwischen womöglich auf eine gewisse konsensuale Zustimmung bauen kann, deshalb aber inhaltlich alles andere als komplexitätsreduzierend wirkt, sondern zunächst einmal komplexitätsproduzierend (vgl. Kerner 2011). Zudem haben wir es bei Intersektionalität auch in disziplinärer Hinsicht mit einem *travelling concept* zu tun, das dazu anregt, mögliche produktive Allianzen zwischen sozial- und kulturwissenschaftlichen Disziplinen neu auszuloten (vgl. Blome 2016) – was wiederum das Verhältnis von Gesellschaft und Kultur einer theoretischen Neufokussierung zu unterziehen hilft. Dass bei der Erforschung aktueller gesellschaftlicher Problemlagen unbedingt auch ihre historische Tiefendimensionen und ihre Variabilität einer genauen Analyse unterzogen werden müssen, scheint in diesem Zusammenhang fraglos. Gerade die Hinwendung zum Realen (vgl. Lethen/Jäger/Koschorke 2016) muss dabei als Teil eines, wenn man denn so will, *social turn* in den Kulturwissenschaften verstanden werden. Geht es hierbei doch etwa in einer literaturwissenschaftlichen Perspektive darum, wie Aleida Assmann weiter ausführt, das »Historische in der Literatur«, »de[n] Anteil des Dokumentarischen in fiktionalen Formaten« oder »die Wiederkehr des Begriffs persönlicher Erfahrung« als faktische Elemente in der Struktur literarischer Texte in den Blick zu nehmen (Assmann 2015: 585). Hier scheint mir ein wichtiger Einsatzpunkt zu liegen, um mit der (bislang oftmals kategorisch ausgeschlossenen) Frage nach Referenzialität das Verhältnis von Literatur und Gesellschaft neu zu bestimmen – und zwar jenseits von einfachen Abbild-Relationen oder Vorstellungen von Repräsentation, aber auch jenseits eines reinen Denkens von Literatur als ›Kunst des Möglichen‹ (vgl. Assmann 2015: 584f.).

Bachmann-Medick spricht sich zuletzt für »transgressive Kulturwissenschaften« aus, die von einer stärkeren Hinwendung zu gesellschaftlichen *matters of concern* (Latour) geprägt sein sollen. Sie sieht dabei zwei Optionen für ein solches Projekt: zum einen Interventionen und Übersetzungen partizipativen Forschens in gesellschaftliche Prozesse und Praxen, zum anderen einen deutlicheren Gesellschaftsbezug auf der Ebene der Konzept- und Theoriearbeit. Allerdings benennt sie in Bezug auf Letzteres eher Themenfelder, wie z.B. den Klimawandel, und methodisch-ethische Prämissen sowie mögliche Wirkungen, etwa das Aufbrechen der von ihr konstatierten Konsensgemeinschaft mittels Herausforderung der Theorien durch die soziale Realität. Was jedoch kaum zur Sprache kommt, ist, welche Konzepte des Sozialen und des Politischen einem solchen *turn* eigentlich zugrunde liegen. Angesichts dessen, dass eine Hinwendung zu *matters of concern* programmatisch gefordert wird, fällt in der Nennung dieser Gegenstandsbereiche zudem auf, dass ›soziale Ungleichheit‹ oder *class* nur eine sehr beiläufige Rolle spielen. Womöglich ist dies der Fall, weil stillschweigend angenommen wird, dass (globale) Ungleichheitsverhältnisse die Klammer der genannten Themenfelder bilden. Klassenverhältnisse aber – jenseits der und doch in Auseinandersetzung mit den *Cultural Studies* und der marxistisch orientierten Sozialgeschichtsschreibung der 1970er-Jahre – als (kollektive) Realität, als Identifikationsbegriff und als theoretisches und narratives Konzept zu fassen (vgl. Blome/Eiden-Offe/Weinberg 2010), ist in sozio-politischer wie kulturwissenschaftlicher Hinsicht sowie womöglich als Element, das mit den von Bachmann-Medick genannten Untersuchungskontexten immer in Wechselwirkungen steht, eine wichtige Herausforderung. Wie verhalten sich Klassenunterschiede zu kulturellen Unterschieden bzw. Prozessen der Differenzierung in ›Kulturen‹ – z.B. in habitueller Hinsicht? Eine solche Analyseperspektive würde dann auch *matters of facts* und *matters of concern* nicht mehr gegeneinander absetzen, sondern im Sinne Bruno Latours zusammenbinden (vgl. Latour 2004: 223).

Patrick Eiden-Offe

Doris Bachmann-Medicks Plädoyer für einen *social turn* der Kulturwissenschaften findet meine ungeteilte Zustimmung! – Um nun aber nicht in eine Konsensfalle höherer Ordnung zu tappen – die Falle eines Konsensgemeinschaftsvermeidungskonsenses –, sehe ich mich genötigt, einige Einwände vorzubringen und einige Präzisierungen einzufordern.

Beginnen wir bei der Schilderung der Ausgangslage: Wenn die angestrebte Hinwendung der Kulturwissenschaft als »*reaching out* der kulturwissenschaftlichen Forschung in gesellschaftliche Problemlagen« gefasst wird und dann »Anschlüsse von Konzepten, Theorien und Ideen an gesellschaftliche Problemfelder« gefordert werden, dann wird um der gewünschten »Transgression in die Gesellschaft« willen allererst eine Äußerlichkeit von kulturwissenschaftlicher Forschung und »Gesellschaft« vorausgesetzt und rhetorisch bestätigt, die eine sorgfältige Rekonstruktion der immer schon gegebenen Verflechtung von Wissenschaft und Gesellschaft gerade infrage stellen sollte. Hier laufen sozial engagierte Kulturwissenschaftler/innen in ihrem Schuldbewusstsein gegenüber der lange vernachlässigten Gesellschaft Gefahr, genau die gesellschaftlichen Klischeebilder bloß zu reproduzieren, die wir gerade angreifen sollten: etwa das vom Elfenbeinturm. Eine kulturwissenschaftlich-historische Forschung könnte dagegen etwa untersuchen, ab wann und zu welchen gesellschaftlichen Bedingungen Intellektuelle sich selbst in eben jenem Elfenbeinturm gewähnt und ein *reaching out* gefordert haben. Das postulierte äußerliche Verhältnis von Wissenschaft und Gesellschaft könnte so im Zuge eines *social turn* aus einer stummen, womöglich unreflektierten Voraussetzung zum expliziten Forschungsgegenstand werden. Setzen wir ›die Gesellschaft‹ in eine Äußerlichkeit zur kulturwissenschaftlichen Forschung, dann befördert das weiterhin den falschen Glauben, immer schon zu wissen, was das sein soll: ›die Gesellschaft‹. Patrick Joyce hat einen viel beachteten Aufsatz 2010 mit der Frage überschrieben »What is the Social in Social History?« (und diesen dann im Zentralorgan der britischen Sozialgeschichte veröffentlicht: in *Past and Present*). Mit welchem Sozialen haben wir es zu tun, wenn wir einen *social turn* der Kulturwissenschaft fordern? Es scheint mir, dass wir auch hier aufpassen müssen, nicht den Klischees ›der Gesellschaft‹ selbst darüber auf den Leim zu gehen, was ein ›gesellschaftliches Problem‹ ist. Vielleicht sollten sich Kulturwissenschaftler/innen so viel Elfenbeinturm leisten, allgemein anerkannte ›gesellschaftliche Problemlagen‹ erst einmal umzuschichten. Klar, das Klima ist ein *matter of concern*, aber was bedeutet es, dass sich darauf eigentlich alle einigen können (außer ein paar leider sehr mächtiger *bad guys* in Washington und Beijing)? Warum reden Kulturwissenschaftler/innen eigentlich immer vom Wetter, wenn sie meinen, es ernst meinen zu müssen?

Und weiter: Bachmann-Medicks Diagnose, dass der Ruf nach einem *social turn*, so wie Musner und Maderthaner ihn 2007 haben erschallen lassen, »fast ungehört verhallt« sei, scheint mir nicht zutreffend; bzw. sie trifft nur dann zu, wenn man die Vorentscheidung darüber teilt, was denn nun ›das Soziale‹ sein soll. Denn es gibt sie doch allerorten, die Kulturwissenschaftler/innen, die mit »begriffliche[r] Phantasie« an der »Entwicklung eines objektnahen Begriffsrepertoires« arbeiten. Zuvörderst würden mir da Forschungen einfallen, die ›das Soziale‹ etwa im Sinne der Sozialanthropologie interpretieren und seit einigen Jahren dabei sind, das 19. Jahrhundert umzupflügen: Nacim Ghanbaris Arbeiten zum Haus, Marcus Twellmanns zum Dorf, Eva Blomes zur Bildung. Voraussetzung dieser Arbeiten ist es, dass ein Verstehen der drängenden Probleme der Gegenwart nur dann möglich ist, wenn wir es (endlich!) schaffen, unsere Mindsets darüber, was ›Gesellschaft‹ – im Gegensatz etwa zu ›Gemeinschaft‹ oder zum ›Staat‹ – bedeuten soll, vom 19. Jahrhundert zu befreien: »unthinking 19th century social science«, so hat Immanuel Wallerstein das schon vor langer Zeit gefordert, und das wäre meines Erachtens auch Voraussetzung eines *social turn* (Wallerstein 2001 [1991]).

An Lutz Musners 2009 in der *Zeitschrift für Kulturwissenschaften* wiederholtem Ruf nach einem *social turn* hat mich schon damals vor allem seine Empfehlung erstaunt, diesen ausgerechnet an der Regulationstheorie zu orientieren: einer Theorie mithin, die auf ihrem ureigenen Gebiet, der Gesellschaftsanalyse, gerade dabei war, spektakulär zu scheitern. Sogar Joachim Hirsch, deren bekanntester deutscher Verfechter, musste nach dem Ausbruch der Wirtschaftskrise 2008 einräumen, dass die Idee eines »postfordistischen Regulationsregimes« vielleicht doch eher eine Schnapsidee war (»bull economy preoccupation« nennt der erzliberale *Economist* solche intellektuellen Spiele gern).

Vielleicht handelte es sich aber doch um eine aufschlussreiche Fehlempfehlung, die auch für eine Antwort auf Doris Bachmann-Medicks Plädoyer noch relevant ist. Denn was an der Regulationstheorie für Kulturwissenschaftler/innen interessant gewesen sein mag, ist ihre Orientierung an subjektlosen Prozessen der Akkumulation und Regulation; genau darin aber kennen sich Kulturwissenschaftler/innen aus, egal welcher Richtung sie entstammen. Sie können also ihre Kernkompetenzen weiter nutzen, gerade wenn sie ihre an übertriebener »Selbstreferentialität« orientierten Herkunftsgebiete – sei es »Strukturalismus, Poststrukturalismus, Dekonstruktivismus«, sei es Systemtheorie, Medientheorie, Diskursanalyse – verlassen. Zugespitzt formuliert: Kulturwissenschaftler/innen scheinen auch im ›Sozialen‹ genau wieder das zu suchen, was sie zuvor schon in der ›Kultur‹ am meisten geschätzt haben: Regelkreise, *feedback*-Schlaufen, systemische Schließung.

Warum diese Prämierung subjektloser Prozesse? Wenn das Soziale immer schon subjektlos als selbstreferentieller Regelkreis begriffen wird – und die Pfadabhängigkeit kulturwissenschaftlicher Theoriebildung legt das allemal nahe –, dann kommen die ›realen‹ Subjekte nur allzu leicht wieder bloß als Opfer dieser Prozesse auf den Schirm: Dann droht die Falle des Miserabilismus. Erste Manifestationen eines *social turn* in den Kulturwissenschaften, gerade nach Einbruch der großen Krise 2008ff., haben sich denn auch mit den ›Unterschichten‹ und mit ›Ökonomien der Armut‹ beschäftigt (Lindner/Musner 2008; Brüns 2008); die kulturwissenschaftliche Hinwendung zu Problemen der Ökonomie wurde fast selbstläufig dem Paradigma der ›Knappheit‹ unterstellt (Möhring/Schüttpelz/Zillinger 2011).

Meine eigene Forschung hat sich deshalb in den letzten fast zehn Jahren mit dem Überfluss an poetischer Selbsttätigkeit und dem verschwenderischen Reichtum an politischen und kulturellen Formen und Institutionen beschäftigt, aus denen heraus sich die Erfindung des Proletariats und die Selbstschöpfung der Arbeiterbewegung im deutschen Vormärz vollzogen hat (Eiden-Offe 2017). Ob meine *Poesie der Klasse* einem mutmaßlichen *social turn* folgt, habe ich mich irgendwann nicht mehr gefragt.

Gegen die Gefahr einer neuen, sich dann bloß auf anderem Terrain vollziehenden kulturtheoretischen Selbstschließung im Zeichen eines *social turn* weist Doris Bachmann-Medick auf dissidente, vergessene, vielleicht manchmal ridikülisierte Strömungen hin, auf die sich ein *social turn* zurückbeziehen könnte und vielleicht müsste: die Erfahrungen der Geschichtswerkstätten etwa oder die der »dialogischen Anthropologie«. Das möchte ich unbedingt unterstützen. Was darüber hinaus theoretisch anstünde, wollen wir den *social turn* weiterdrehen, wäre eine schärfere begriffliche Klärung des Krisenbegriffs, der gerade in kulturwissenschaftlichen Analysen oft als Letzt-Referenz und als Marker von Dringlichkeit firmiert. Nach zehn Jahren Weltwirtschaftskrise müssen wir lernen, den Begriff der Krise aus dem Modell der Zuspitzung und des Wendepunkts zu lösen und Krise als Prozess und als *longue durée* zu verstehen. Dazu abschließend zwei Leseempfehlungen: Giovanni Arrighi, *The Long Twentieth Century* von 1994 – hier (wie auch sonst in der *World-System Analysis*) können Krisen gerne mal einhundert Jahre dauern. Und schließlich ein vielleicht etwas unglamoröser Tipp: Jürgen Habermas, *Legitimationsprobleme im Spätkapitalismus* von 1973 – Expeditionen in einer terminologischen Eiswüste, auf denen allererst geklärt wird, was wir alles meinen können (und nicht meinen sollten), wenn wir ›Krise‹ sagen; wie sich ökonomische Krisen in Legitimationskrisen übersetzen, welche Rolle hier Motivationskrisen spielen, und wie dies alles als politische Krise moderiert (oder nicht moderiert) wird. Am Ende wird die Lektüreanstrengung mit dem – Achtung, *spoiler*! – schönsten »sei's drum« der neueren Theoriegeschichte belohnt.

Christine Kirchhoff

Eine Hinwendung der Kulturwissenschaft zu sozialen, politischen und nicht zuletzt ökonomischen Fragen, wie sie Doris Bachmann-Medick in ihrem Beitrag fordert, ist so wünschenswert wie notwendig. Im Folgenden möchte ich in einigen kurz gehaltenen Stichpunkten zu ihren Reflexionen und Vorschlägen Stellung nehmen.

Nicht zufällig verwende ich hier Kulturwissenschaft im Singular. Die Vielfalt an methodischen Zugängen, Themenfeldern und Theorien, welche die Kulturwissenschaft ausmacht, in anderen Worten: ihre Pluralität, scheint am besten repräsentiert zu sein, wenn gleich von ›Kulturwissenschaften‹ im Plural gesprochen wird. Meines Erachtens inszeniert sich hier die Inflationierung des Sprechens von Kultur auf der Ebene des Selbstverständnisses einer Wissenschaft. So kultiviert wie heute scheint die Welt noch nie gewesen zu sein, alles ist irgendwie ›Kultur‹: Managementkultur, Redekultur, Unternehmenskultur, Beziehungskultur usw. Gerade indem selbstverständlich von ›Kulturwissenschaften‹ gesprochen wird, wird der von Bachmann-Medick sehr zu recht kritisierte Konsens hergestellt, da so umgangen wird, sich um eine begriffliche Bestimmung von Kulturwissenschaft und damit auch um den Kulturbegriff zu streiten, eine Auseinandersetzung, die diese Kulturwissenschaft auch ausmachen würde. Indem von Kulturwissenschaft*en* im Plural gesprochen wird, wird sich diese Auseinandersetzung zugunsten einer durchaus im Sinne des »cultural studies chic« zu verstehenden Attraktivität eines *anything goes* erspart.

Eine Kulturwissenschaft, die nicht die mit dem, zum Glück inzwischen irrelevant gewordenen, KP-Marxismus untergegangene Aufspaltung von Ökonomie und Überbau als Farce wiederholt, sollte um einen Kulturbegriff streiten, der das Kulturelle nicht vom Gesellschaftlichen trennt: Die Form der kulturellen Repräsentation kann nicht ohne die Bedingungen der gesellschaftlichen Reproduktion verstanden werden. Sigmund Freuds kulturtheoretische Schriften können hier als eine Referenz dienen: Als Kultur bezeichnete Freud »all das, worin sich das menschliche Leben über seine animalischen Bedingungen erhoben hat«, und er fügte hinzu, dass er es »verschmähe«, »Kultur und Zivilisation zu trennen« (Freud 1927: 326). In *Das Unbehagen in der Kultur* spricht er vom »Kulturprozess«, »jene[r] Modifikation des Lebensprozesses, die er unter dem Einfluss einer vom Eros gestellten, von der Ananke, der realen Not angeregten Aufgabe erfährt, und diese Aufgabe ist die Vereinigung vereinzelter Menschen zu einer unter sich libidinös verbundenen

Gemeinschaft« (Freud 1930: 499). Aus Not schließen sich die Menschen zusammen und dabei entsteht etwas, das mehr ist als ein Zweckbündnis, etwas, das nicht nur der gemeinsamen Lebenserhaltung dient, sondern selber zur Quelle von Lust werden kann, aber auch Unbehagen verursacht: die Kultur. Denn, so Freud, auch wenn die Menschen auf die Kultur angewiesen seien, empfänden sie diese als »schwer drückend« (499).

Neben der kritischen Analyse der kulturellen Phänomene und Konflikte, die einem solchen Begriff zufolge im gesamten Bereich der menschlichen Gesellschaft zu finden sind, ohne eigens als Kultur(en) bezeichnet werden zu müssen, enthält dieser Begriff auch eine Differenzierung, um die es zu streiten gälte, nämlich die zwischen Zivilisation/Kultur und Zuständen, in denen Menschen leben (müssen), die diese Bezeichnung nicht verdienen. Eine dringend notwendige Debatte über Kulturrelativismus wäre an dieser Stelle zu führen, gerade in der Kulturwissenschaft.

Bezüglich Bachmann-Medicks Bezug auf Latour möchte ich unterstreichen, dass sich eine kritische Kulturwissenschaft auf jeden Fall gegen einen »massiv übertriebenen Konstruktivismus« wenden sollte, eingedenk des Umstandes, dass »konkrete Wirklichkeitserfahrung« von der »symbolische[n] Repräsentation« nicht zu trennen ist, und dass die Kritik an der vorgeblichen Unmittelbarkeit von *matters of fact* diese als *matters of concern* betrachtet und zugleich mitkonstituiert. In Kürze: No matters of fact without interpretation and no interpretation without concern. Eine kritische Kulturwissenschaft, die über eine erkenntnistheoretische Grundlage verfügt, kritisiert die Annahme, Wissenschaft würde Fakten liefern, indem sie begriffliche, kulturelle, psychologische etc. Voraussetzungen dessen, was als Fakt gilt, aufzeigt, und trägt so als erkenntniskritische Kulturwissenschaft entscheidend zur Kritik an den sogenannten *fake news* bei. Im englischen *matters* ist die doppelte Bedeutung von Material und Bedeutung enthalten. Auf der anderen Seite ist es Aufgabe kritischer Kulturwissenschaft, die verlockende Vorstellung zu kritisieren und als Illusion zu entlarven, man könne sich der *facts* zugunsten der *interpretations* oder *concerns* entledigen, womit das angesprochen ist, was Bachmann-Medick als »überspannten Konstruktivismus« bezeichnet. Mit einer Illusion, so Freud, habe man es dann zu tun, wenn sich die Wunscherfüllung vordränge, mit der Folge, sich eines unangenehmen Teils der äußeren Realität zu entledigen (vgl. Kirchhoff 2017). Die Kritik kulturell vermittelter und bestärkter Illusionen und Ideale, ihrer produktiven und vor allem destruktiven Folgen, wie Phantasien von Reinheit, Überlegenheit, Freisein von Mangelhaftigkeit, die alle gemeinsam haben, dass das Unreine, Niedere, Mangelhafte projektiv am Anderen bekämpft wird, sollte als Teil einer kritischen Kulturwissenschaft auch die eigene Disziplin betreffen, also selbstreflexiv werden.

So verstanden, stellt sich auch das Problem des *worlding* von Theorie anders, da Theorien, die in Auseinandersetzung mit der kulturellen Praxis stehen und diese zu begreifen suchen, immer schon ein Teil der Welt sind, da sie Teil der kulturellen *Re*präsentation sind: Die Vorsilbe ›Re‹ verweist auf das Wiederholende, die Bedingung der Möglichkeit der Differenz und damit des Neuen, und zugleich auf den unvermeidlichen Verlust der Unmittelbarkeit. Gerade im ›Wieder-holen‹ liegt die Möglichkeit, etwas Neues zu schaffen. Aufgabe einer kritischen Kulturwissenschaft ist die Kritik von Unmittelbarkeitsdenken, ohne aus den Augen zu verlieren, dass da etwas ist, das gedacht werden muss. Damit kann Kulturwissenschaft dazu beitragen zu verstehen, wie das entsteht, was wir als Realität begreifen, die wir teilen – oder eben auch nicht –, was daran zu verändern sein könnte und was nicht.

Das nicht zuletzt der Drittmittelantragslogik geschuldete Neuerfinden von Begriffen sollte zugunsten des Wiederfindens und der Relektüre überdacht werden. Bruno Latour fragte schon vor dreizehn Jahren: »Is it really our duty to add fresh ruins to fields of ruins? Is it really the task of the humanities to add deconstruction to destruction?« (Latour 2004). In diesem Sinne möchte ich dafür plädieren, die Aufgabe einer kritischen Kulturwissenschaft auch darin zu sehen, die Bestände an Begriffen und Theorien zu sichten und kritisch – eingedenk der Differenz, die entsteht, wenn etwas wiedergelesen und nachträglich ein neuer Sinn gefunden wird – aufzuarbeiten, im Sinne einer kritischen Rekonstruktion.

Die notwendige Auseinandersetzung mit *fake news* und *alternative facts* fordert die begriffliche Arbeit an ›wissenschaftlichen Tatsachen‹ (Ludwik Fleck), nicht deren Dekonstruktion. Dabei ist zu bedenken, dass Erkenntnis nicht sicher vom Wahn zu trennen ist, dass, wie Horkheimer und Adorno es in der *Dialektik der Aufklärung* formulieren, »zwischen dem wahrhaften Gegenstand und dem unbezweifelbaren Sinnesdatum, zwischen innen und außen, [...] ein Abgrund [klafft], den das Subjekt, auf eigene Gefahr, überbrücken muss« (Horkheimer/Adorno 1987 [1947]: 218). Kulturwissenschaft hat diese Ebene der Vermittlung zum Thema.

Roman Widder

Der Hauptteil der legendären Studie *Die Arbeitslosen von Marienthal*, die ausgerechnet 1933 erstmals erschien und nach dem Krieg zum Grundlagentext der empirischen Sozialforschung wurde, beginnt erstaunlich narrativ: »Marienthal ist ein kleines Fabrikdorf an der Fischa-Dagnitz im Steinfeld. Man erreicht die nächstgelegene Eisenbahnstation Grammat-Neusiedel und wandert dann noch etwa eine halbe Stunde in das völlig flache Land hinein« (Jahoda/Lazarsfeld/Zeisel 1975: 32). Die Autor/innen – Marie Jahoda, Paul Lazarsfeld und Hans Zeisel – erforschen darin das 1931 in der Folge der Weltwirtschaftskrise mit einem Schlag arbeitslos gewordene Industriedorf Marienthal, um festzustellen, dass aus Langzeitarbeitslosigkeit kaum Widerstandskraft, durchaus aber eine zunehmende Resignation entsteht. Für die prägnante und bildhafte Erzählweise der zwischen 1931 und 1933 durchgeführten Untersuchung zeichnet in erster Linie die damals 25-jährige Marie Jahoda verantwortlich, die auch Gedichte schrieb, dem Vorstand der Anfang 1933 kurzzeitig gegründeten Vereinigung sozialistischer Schriftsteller angehörte und auch später immer wieder als Ko-Autorin oder Ghostwriterin männlicher Wissenschaftler agierte. Neben dem historischen Präsens entscheidet sie sich häufig für ein passivisches Erzählen, reflexive Verben und eine depersonalisierte Darstellung des Kollektivs: »Man hat den Eindruck, daß sich diese Familie ganz fallengelassen hat, daß sie an nichts mehr festhält.« (69) Das Erzählen im *man* entspricht dem Willen, alles Individuell-Charakterologische auszublenden, denn was die Studie interessiert, ist gerade der Umstand, dass hier eine Gemeinschaft in Gänze arbeitslos geworden ist. Jahodas Darstellungsweise deckt sich mit dem geschilderten Verlust von Individualität vieler Marienthaler/innen und mit der grammatischen Form ihrer Aussagen: »man hat jetzt andere Sorgen«, als zu lesen (58) – so begründet eine Frau die Abnahme der Leselust, von der das Ausleihverzeichnis der Bibliothek Zeugnis ablegt, obwohl die Menschen jetzt doch viel mehr Zeit haben. »Man kann doch nicht nur vom Essen leben, etwas muß man doch auch fürs Gemüt haben« (72), so andererseits die Rechtfertigung dafür, dass viele Marienthaler ihren Schrebergarten trotz grassierenden Hungers, der sogar regelmäßig Katzen verschwinden lässt, zur Hälfte mit Blumen bepflanzen.

In der Einleitung bekennen sich die Autor/innen der Studie offen zur Intepretationsbedürftigkeit ihres

Materials und damit zu jenen Begriffsbildern, in welche sie ihre zentralen Befunde kleidet: Sie unterteilt die Marienthaler/innen in *Ungebrochene* und *Gebrochene*, Letztere in *Resignierte*, *Verzweifelte* und *Apathische*. Die *Schrumpfung des psychologischen Lebensraums* und eine grundsätzliche Tendenz zur Resignation aber ist allen gemeinsam. Diese definiert sie als *Verzicht auf die Zukunft* »einer als Ganzes resignierten Gemeinschaft, die zwar die Ordnung der Gegenwart aufrechterhält, aber die Beziehung zur Zukunft verloren hat«. Hinzu kommt die »Abnahme des politischen Kampfes bei Zunahme der persönlichen Gehässigkeit« (98), die etwa zur gegenseitigen Verleumdung beim Amt führt, sowie der »Zeitzerfall« (97), der sich vor allem bei den Männern zeigt. Die Zeit ist wertlos geworden: Das Gefühl, unbegrenzt Zeit zu haben, macht jede Zeiteinteilung überflüssig.

Nicht durch lückenlos sich mit Notwendigkeit schließende Beweisketten will die Marienthal-Studie also überzeugen, sondern durch Plausibilität bei der Kombination von sprachlicher Vermittlung und empirischen Daten. Denn auf der anderen Seite der Studie stehen quantitative Methoden und ein leidenschaftlicher Empirismus, der das ethnologische ›Sicheinleben‹ ins Dorf mit heterogenem Material konfrontiert: Essprotokolle und Zeitverwendungsbögen, Katasterblätter und Listen von Weihnachtswünschen, Lebensgeschichten und ein Tagebuch, Anzeigen und Beschwerden, Schulaufsätze und Preisausschreiben, Bevölkerungs- und Haushaltungsstatistiken. Den Höhepunkt ihrer Erhebungen bildet wohl die Geschwindigkeitsmessung der durch die Straße gehenden Marienthaler/innen: Während die Frauen mit der normalen Geschwindigkeit von fünf km/h durch die Straßen laufen, haben die Männer durch die Arbeitslosigkeit offenbar an Geschwindigkeit eingebüßt: Einige laufen vier, andere sogar nur drei km/h langsam, und viele Männer stehen auch nur bewegungslos auf der Straße herum. Nur einmal »läuft einer im leichten Trab: das ist der Dorfnarr« (84).

Spätestens hier, oder wenn die Studie behauptet, dass »der nichtgebrochene Teil der Bevölkerung« Marienthals »zu drei Vierteln resigniert« (74) sei, weckt sie mit solcherlei ›Tatsachen‹ bei heutigen kulturwissenschaftlichen Leser/innen den Verdacht eines naiven Positivismus, der durch Hans Zeisels Abriss einer »Geschichte der Soziographie« im Anhang der Studie bestätigt wird. Dieser konstruiert von William Petty über Adolphe Quetelet bis zum amerikanischen Survey euphorisch die kontinuierliche Emanzipation einer Disziplin und stellt schließlich die Entdeckung des Inventars in Frédéric Le Plays Familienmonographien als einschneidendes Ereignis dar: »das lebendige Inventar« als »unmittelbares Abbild des Lebens selbst« stehe nun den »toten Zahlenreihen« (123f.) ergänzend gegenüber.

Wert und Gültigkeit der Studie tut dies aber keinen Abbruch. Im Vorwort zur Neuauflage von 1960 legt Paul Lazarsfeld, der die Wirtschaftspsychologische Forschungsstelle und damit auch das Marienthal-Projekt leitete und sich später in den USA mit Adorno und dem romantischen Defätismus in der Kritik instrumenteller Vernunft anlegte, das methodische Programm noch einmal dar, und zwar, kurzatmig und paradox, als experimentelle Kombination aller möglichen methodischen Werkzeuge und expliziten Verzicht auf die Strenge eines methodischen Programms.

Die Relektüre der Marienthal-Studie wirft nicht nur die Frage auf, ob die »Zunahme der persönlichen Gehässigkeit« (98) in unserer Gegenwart dieselbe ist, die um 1933 in Marienthal zu beobachten war. Epistemologisch beeindruckend ist vor allem die Haltung optimistischer Verlegenheit, mit der sie durchgeführt und verfasst wurde. So rechtfertigt Lazarsfeld rückblickend die eigentümliche Machart des schmalen Buches: Es handle sich keineswegs um Theorie, sondern um ein »Zwischending« (17) zwischen »Analogie« und »Modell« (18), das versuche, »die Lücke zwischen den nackten Ziffern der Statistik und den zufälligen Eindrücken der sozialen Reportage auszufüllen« (15). Gelassen bleibt auch der Blick in die Zukunft: »Eine integrale Soziologie wird mit allen empirischen und analytischen Mitteln an konkrete Probleme herangehen und dadurch eine realistische Synthese finden« (23).

Doris Bachmann-Medicks erneuter Aufruf zu einer transgressiven Kulturwissenschaft, die sich aus der Selbstbestätigung ihres theoretischen Konsenses löst und den *matters of concern* zuwendet, entspringt offenkundig der zeitgenössischen Sehnsucht nach Realismus. Ich teile diese Sehnsucht und kann den Aufruf insofern nur begrüßen. Einen Weg dorthin weist er in meinen Augen aber nicht, sondern versammelt vielmehr eine Reihe in sich fragwürdiger Topoi der Politisierung. Zwischen der abstrakten Beschreibung – »konkrete Interventionen«, »Übergriffe in gesellschaftliche Prozesse und Praxisverläufe«, »Forschen ›mit‹« – und den konkreten Beispielen aus Kunst und Museumspädagogik, Kulturvermittlung und Sozialarbeit klafft eine gewaltige Lücke. Nicht nur diese Lücke zwischen Anspruch und Wirklichkeit, sondern auch das Anliegen, Kulturwissenschaft solle nicht »die bloße Konstellation der Wirklichkeitsphänomene«, sondern »Haltungen, Einstellungen, Ängste, Vorstellungen, Träume, Visionen, Affekte und Hoffnungen« erforschen, erinnert an den experimentellen Empirismus der Marienthal-Studie. Auch diese sah zu ihrer Zeit die Soziologie der Gefahr ausgesetzt, so die Einleitung, »den Kontakt mit der Wirklichkeit zu verlieren« (Jahoda/Lazarsfeld/Zeisel 1975: 13). Angesichts des Erfolgs der empirischen Sozialforschung im Laufe des 20. Jahrhunderts wird leicht vergessen, dass auch die Soziologie Jahrzehnte reiner Theorie hinter sich bringen musste: Marx und Engels, Durkheim, Simmel und Weber stützten sich nur vage auf Material, das sie keineswegs selbst erhoben. Vielleicht befindet sich die Kulturwissenschaft heute an einem ähnlichen Punkt und muss neue Formen der Empirie erfinden, um sich von der empfundenen Selbstreferentialität zu lösen und mehr zu erreichen als »alternative[] ›Erzählungen‹« und »Gegengedächtnisse«, die auch bei Bachmann-Medick offenbar der Horizont bleiben. Eine Kulturwissenschaft, die nicht mehr an die Kultur, sondern an die Gesellschaft appelliert und, ganz im Politikerjargon, zur Problemlösung »gesellschaftlicher Herausforderungen« beitragen will, wobei ihre »Themenbrennpunkte« (Globalisierung, Klimawandel, Migrationspolitik, Terrorismus, Finanzkrisen) recht journalistisch klingen, lässt viele Fragen offen. Stellen wirklich erst die Kulturwissenschaften die »Bedingungen der Möglichkeit für politisch-soziale Positionierung her« oder ist es nicht gerade dieses Selbstverständnis, das die zeitgenössische Kritik an ihnen motiviert? Welche Rolle spielt in all dem der Bezug auf das Subjekt des Migranten, wenn er uns neuerdings ununterbrochen als einzig verfügbares Exemplum des Politischen herhalten muss? Und wenn Projekte in der Arbeit mit Flüchtlingen am Ende doch nur »als Härtetest für die Fachsprache und den kulturwissenschaftlichen Jargon« dienen soll, geht dann alles mit rechten Dingen zu?

Die Autor/innen der Marienthal-Studie haben ihre ›realistische Synthese‹ offenbar gerade dort gefunden, wo sie nicht genau wussten, was sie taten: unter anderem in der von Marie Jahoda literarisch ausgefüllten Lücke, der sie sich aber selbstbewusst gestellt haben, mit epistemologischer Reflexion und methodischer Enthaltsamkeit gleichermaßen. Ein Rezept steht für diesen Realismus nicht zur Verfügung, immer wieder aber sind es derlei methodische Hybride, die in atemberaubender Langsamkeit den für das kulturwissenschaftliche Wissen und seinen Zugang zum Sozialen vielleicht interessantesten Weg gehen. Denn aus Hybriden besteht nicht die Wirklichkeit, aus Hybriden bestehen die Formen ihrer Erfassung und Darstellung.

Literatur

ANG, Ien (2006): »From Cultural Studies to Cultural Research: Engaged Scholarship in the Twenty-first Century«. In: *Cultural Studies Review* 12: 2, 183-197.

ARRIGHI, Giovanni (2010 [1994]): *The Long Twentieth Century: Money, Power and the Origins of Our Times*, London, New York: Verso.

ASSMANN, Aleida (2015): »Kulturwissenschaften – grenzenlos?«. In: *Deutsche Vierteljahrsschrift für Literaturwissenschaft und Geistesgeschichte* 89: 4, 577-586.

BACHMANN-MEDICK, Doris (1996): *Kultur als Text. Die anthropologische Wende in der Literaturwissenschaft*, Frankfurt/Main: Fischer.

BACHMANN-MEDICK, Doris (2010): »Cultural Turns«. In: *Docupedia-Zeitgeschichte. Begriffe, Methoden und Debatten der zeithistorischen Forschung*, https://www.docupedia.de/zg/Cultural_Turns (15.8.2017).

BACHMANN-MEDICK, Doris (2011): »Transnationale Kulturwissenschaften: Ein Übersetzungskonzept«. In: *Lost or Found in Translation? Interkulturelle/Internationale Perspektiven der Geistes- und Kulturwissenschaften*, hg. v. René Dietrich/Daniel Smilovski/Ansgar Nünning, Trier: WVT, 53-72.

BACHMANN-MEDICK, Doris (2014 [2006]): *Cultural Turns. Neuorientierungen in den Kulturwissenschaften*, 5. Aufl., Reinbek: Rowohlt.

BACHMANN-MEDICK, Doris (2017): »Cultural Turns – A Matter of Management?«. In: *ReThinking Management: Perspectives and Impacts of Cultural Turns and Beyond*, hg. v. Wendelin Küpers/Stephan Sonnenburg/Martin Zierold, Wiesbaden: Springer VS, 31-55.

BISHOP, Claire (2006): »The Social Turn: Collaboration and Its Discontents«. In: *Artforum*, February, 178-183.

BISHOP, Claire (2016): *Artificial Hells: Participatory Art and the Politics of Spectatorship*, London, New York: Verso.

BLOME, Eva (2016): »Erzählte Interdependenzen. Überlegungen zu einer kulturwissenschaftlichen Intersektionalitätsforschung«. In: *Diversity Trouble. Vielfalt – Gender – Gegenwartskultur*, hg. v. Peter C. Pohl/Hania Siebenpfeiffer, Berlin: kadmos, 45-67.

BLOME, Eva/EIDEN-OFFE, Patrick/WEINBERG, Manfred (2010): »Klassen-Bildung. Ein Problemaufriss«. In: *Internationales Archiv für Sozialgeschichte der deutschen Literatur* 35: 2, 158-194.

BRUBAKER, Rogers (2016): *Trans: Gender and Race in an Age of Unsettled Identities*, Princeton: Princeton University Press.

BRÜNS, Elke (2008): »Einleitung. Plädoyer für einen *social turn* in der Literaturwissenschaft«. In: *Ökonomien der Armut. Soziale Verhältnisse in der Literatur*, hg. v. Elke Brüns, München: Fink, 61-77.

BUDE, Heinz (2011/2012): »Die Stunde der Gesellschaftstheorie? Über Tatbestände der Ungleichheit, Formen der Herrschaft und Artikulationen von Ideologie«. In: *Mittelweg 36* 20: 6, 13-36.

CHAKRABARTY, Dipesh (2017): »The Politics of Climate Change Is More Than the Politics of Capitalism«. In: *Theory, Culture & Society* 34: 2, 1-13.

DU GAY, Paul et al. (1997): *Doing Cultural Studies: The Story of the Sony Walkman*, London u.a.: Sage.

EIDEN-OFFE, Patrick (2017): *Die Poesie der Klasse. Romantischer Antikapitalismus und die Erfindung des Proletariats*, Berlin: Matthes & Seitz.

EPPLE, Angelika/ERHART, Walter (Hg.) (2015): *Die Welt beobachten. Praktiken des Vergleichens*, Frankfurt/Main: Campus.

ERIBON, Didier (2016 [2009]): *Rückkehr nach Reims*, übers. v. Tobias Haberkorn, Frankfurt/Main: Suhrkamp.

FREITAG, Ulrike/OPPEN, Achim von (2005): »Translokalität als ein Zugang zur Geschichte globaler Verflechtungen«. In: *ZMO Programmatic Texts* 2.

FREUD, Sigmund (1927): »Zukunft einer Illusion«. In: *Gesammelte Werke XIV*, Frankfurt/Main: Fischer, 325-380.

FREUD, Sigmund (1930): »Das Unbehagen in der Kultur«. In: *Gesammelte Werke XIV*, Frankfurt/Main: Fischer, 419-506.

GABRIEL, Markus (2016): »Wider die postmoderne Flucht vor den Tatsachen. Fünf Jahre Neuer Realismus«. In: *Neue Zürcher Zeitung*, 19.6.2016. https://www.nzz.ch/feuilleton/fuenf-jahre-neuer-realismus-wider-die-postmoderne-flucht-vor-den-tatsachen-ld.89931 (15.08.2017).

GEISENHANSLÜKE, Achim (2013): »Turn, Turn, Turn – Literaturwissenschaft nach dem Ende der Theorie«. In: Hartmut Bleumer et al. (Hg.): *Turn, Turn, Turn? – Oder: Braucht die Germanistik eine germanistische Wende? Eine Rundfrage zum Jubiläum der LiLi. Zeitschrift für Literaturwissenschaft und Linguistik* 172, 116-118.

GROSSBERG, Lawrence (2010): *Cultural Studies in the Future Tense*, Durham, London: Duke University Press.

GUMBRECHT, Hans Ulrich (2016): »Wirklichkeitsdämmerung. Rückkehr zum philosophischen Realismus«. In: *Neue Zürcher Zeitung*, 25.8.2016., https://www.nzz.ch/feuilleton/zeitgeschehen/rueckkehr-zum-philosophischen-realismus-wirklichkeitsdaemmerung-ld.112795 (15.08.2017).

HABERMAS, Jürgen (1973): *Legitimationsprobleme im Spätkapitalismus*, Frankfurt/Main: Suhrkamp.

Hall, Stuart (Hg.) (1997): *Representation: Cultural Representations and Signifying Practices*, London u.a.: Sage.

HORKHEIMER, Max/ADORNO, Theodor W. (1987 [1947]): *Dialektik der Aufklärung*. In: *Max Horkheimer Gesammelte Schriften 5*, Frankfurt/Main: Fischer 1987, 13–290.

JAHODA, Marie/LAZARSFELD, Paul F./ZEISEL, Hans (1975 [1933]): *Die Arbeitslosen von Marienthal. Ein soziographischer Versuch über die Wirkungen langandauernder Arbeitslosigkeit. Mit einem Anhang zur Geschichte der Soziographie*, Frankfurt/Main: Suhrkamp.

KERNER, Ina (2011): »Komplexitätsproduktion. Über Intersektionalität«. In: *Travelling Gender Studies. Grenzüberschreitende Wissens- und Institutionentransfers*, hg. v. Beate Binder et al., Münster: Dampfboot, 184-202.

KIRCHHOFF, Christine (2017): »Kritik und Illusion. Die Begründung von Kritik mit der Psychoanalyse Sigmund Freuds«. In: *Warum Kritik? Begründungsformen kritischer Theorien*, hg. v. Sven Ellmers/Philip Hogh, Weilerswist: Velbrück Wissenschaft, 210-228.

KNAPP, Gudrun-Axeli (2005): »Traveling Theories: Anmerkungen zur neueren Diskussion über ›Race, Class, and Gender‹«. In: *Österreichische Zeitschrift für Geschichtswissenschaften* 16: 1, 88-110.

KOSCHORKE, Albrecht (2007): »Überlegungen zur inneren Organisation der Kulturwissenschaften«. In: *Das Ende der Bescheidenheit. Zur Verbesserung der Geistes- und Kulturwissenschaften*, hg. v. Ludger Heidbrink/Harald Welzer, München: Beck, 170-174.

LATOUR, Bruno (2004): »Why Has Critique Run out of Stream? From Matters of Fact to Matters of Concern«. In: *Critical Inquiry* 30: 2, 225-248.

LETHEN, Helmut/JÄGER, Ludwig/KOSCHORKE, Albrecht (Hg.) (2016): *Auf die Wirklichkeit zeigen: Zum Problem der Evidenz in den Kulturwissenschaften*, Frankfurt/Main, New York: Campus.

LINCK, Dirck (2016): »Die Politisierung der Scham. Didier Eribons *Rückkehr nach Reims*«. In: *Merkur. Deutsche Zeitschrift für europäisches Denken*, Heft 808, 34-47.

LINDNER, Rolf/MUSNER, Lutz (Hg.) (2008): *Unterschichten. Kulturwissenschaftliche Erkundungen der »Armen« in Geschichte und Gegenwart*, Freiburg: Rombach.

LÜDEMANN, Susanne (2007): »Fünf Minuten Kulturwissenschaft«. In: *Das Ende der Bescheidenheit. Zur Verbesserung der Geistes- und Kulturwissenschaften*, hg. v. Ludger Heidbrink/Harald Welzer, München: Beck, 76-81.

MADERTHANER, Wolfgang/MUSNER, Lutz (2007): *Die Selbstabschaffung der Vernunft: Die Kulturwissenschaften und die Krise des Sozialen*, Wien: Picus.

MÖHRING, Maren/SCHÜTTPELZ, Erhard/ZILLINGER, Martin (Hg.) (2011): *Knappheit. Zeitschrift für Kulturwissenschaften* 2014, 1.

NEIMANIS, Astrida/ASBERG, Cecilia/HEDRÉN, Johan (2015): »Four Problems, Four Directions for Environmental Humanities: Toward Critical Posthumanities for the Anthropocene«. In: *Ethics & The Environment* 20: 1, 67-97.

Nünning, Vera/Nünning, Ansgar/Neumann, Birgit (Hg.) (2010): *Cultural Ways of Worldmaking: Media and Narratives,* Berlin, New York: De Gruyter.

Raulet, Gérard (2009): »Kulturwissenschaften und politische Öffentlichkeit. Ralf Konersmann im Gespräch mit Gérard Raulet«. In: *Zeitschrift für Kulturphilosophie* 3: 1, 65-90.

Readings, Bill (1996): *The University in Ruins*, Cambridge/MA, London: Harvard University Press.

Soja, Edward W. (2010): *Seeking Spatial Justice*, Minneapolis, London: University of Minnesota Press.

Stiemer, Haimo et al. (Hg.) (2017): *Social Turn? Das Soziale in der gegenwärtigen Literatur(-wissenschaft),* Weilerswist: Velbrück.

Swyngedouw, Erik (2011): »Whose Environment? The End of Nature, Climate-Change and the Process of Post-Politicization«. In: *Ambiente & Sociedade* 14: 2, 69-87.

Volkening, Heide (2017): »Alles beim Alten, immer wieder neu. Kanon, Turn, Schluckauf und Geschlecht«. In: *Kulturwissenschaftliche Perspektiven der Gender Studies*, hg. v. Manuela Günter/Annette Keck, Berlin: kadmos (im Druck).

Wallerstein, Immanuel (2001 [1991]): *Unthinking Social Science: The Limits of 19th Century Paradigms*, 2. Aufl., Philadelphia: Temple UP.

Werberger, Annette (2012): »Überlegungen zu einer Literaturgeschichte als Verflechtungsgeschichte«. In: *Kulturen in Bewegung. Beiträge zur Theorie und Praxis der Transkulturalität*, hg. v. Dorothee Kimmich/Schamma Schahadat, Bielefeld: transcript.

Autorinnen und Autoren

Bachmann-Medick, Doris, Dr., International Graduate Centre for the Study of Culture, Justus-Liebig-Universität Gießen, Alter Steinbacher Weg 38, D-35394 Gießen, doris.bachmann-medick@gcsc.uni-giessen.de

Blome, Eva, Jun.-Prof. Dr., Institut für Deutsche Philologie, Ernst-Moritz-Arndt-Universität Greifswald, Rubenowstr. 3, D-17489 Greifswald, eva.blome@uni-greifswald.de

Braun, Christina von, Prof. Dr., Zentrum für Jüdische Studien Berlin-Brandenburg, Sophienstr. 22a, D-10178 Berlin, cvbraun@culture.hu-berlin.de

Breyer, Till, M.A., Germanistisches Institut, Ruhr-Universität Bochum, Universitätsstr. 150, D-44801 Bochum, till.breyer@rub.de

Eiden-Offe, Patrick, Dr., Zentrum f. Literatur- u. Kulturforschung, Schützenstr. 18, D-10117 Berlin, eiden-offe@zfl-berlin.org

Fine, Ben, Prof. Dr., Department of Economis, SOAS, University of London, Thornhaugh Street, Russell Square, London GB-WC1H 0XG, bf@soas.ac.uk

Frank, Michael C., PD Dr., Fachbereich Literaturwissenschaft, Universität Konstanz, Fach D161, D-78457 Konstanz, michael.frank@uni-konstanz.de

Gnüchtel, Tobias, Dr., Erich-Weinert-Str. 128, D-10409 Berlin, tobias.gnuechtel@googlemail.com

Gwozdz, Patricia A., Dr., Institut für Romanistik, Universität Potsdam, Am Neuen Palais 10, D-14476 Potsdam, gwozdz@uni-potsdam.de

Kirchhoff, Christine, Prof. Dr., International Psychoanalytic University, Stromstr. 3b, D-10555 Berlin, christine.kirchhoff@ipu-berlin.de

Lindemann, Uwe, Dr., Allgemeine und vergleichende Literaturwissenschaft, Ruhr-Universität Bochum, Universitätsstr. 150, D-44780 Bochum, uwe.lindemann@ruhr-uni-bochum.de

Macho, Thomas, Prof. Dr., IFK Wien (Kunstuniversität Linz), Reichsratsstraße 17, A-1010 Wien, macho@ifk.ac.at

Nitzke, Solvejg, Dr., Institut für Germanistik, Technische Universität Dresden, Wiener Str. 48, 01062 Dresden, solvejg.nitzke@rub.de

Overthun, Rasmus, M.A., Anzengruberstr. 20, D-12043 Berlin, rasmus.overthun@posteo.de

Roepstorff-Robiano, Philippe, M.A., Melchiorstr. 47, D-10179 Berlin, phil.rr@gmail.com

Vasa, Alexandra, M.A., Gleimstr. 37, D-10437 Berlin, alexvasa@gmx.net

Widder, Roman, M.A., Institut für deutsche Literatur, Humboldt-Universität zu Berlin, Dorotheenstr. 24, D-10099 Berlin, romanwidder@gmail.com